기쁨의 영성

기쁨의 영성

초판1쇄 발행	2015년 1월 20일
지은이	안젤라 손
펴낸이	원성삼
책임편집	이보영
펴낸곳	예영커뮤니케이션

주소	136-825 서울시 성북구 성북로6가길 31
전화	(02) 766-8931
팩스	(02) 766-8934
홈페이지	www.jeyoung.com
이메일	jeyoung@chol.com
등록일	1992년 3월 1일 제2-1349호

ISBN 978-89-8350-908-6 (03230)
책값 13,000원, US$ 15

「이 도서의 국립중앙도서관 출판예정도서목록(CIP)은 서지정보유통지원시스템 홈페이지
(http://seoji.nl.go.kr)와 국가자료공동목록시스템(http://www.nl.go.kr/kolisnet)에서 이용하
실 수 있습니다.(CIP제어번호: CIP2015000496)」

기쁨의 영성

/ 안젤라 손 지음 /

려움과 의무를 넘어 기쁨으로 향하는 길

는 많은 말을 하고 또 들으며 산다. 너무 많은 말들이 우리의 입을 통해 나가고 귀를 통해 들어온다. 하지만 그것 가 아니라 우리와 다른 이들에게 기쁨을 불러일으키는 말을 거의 하지 않거나 듣지 못한다는 것이 문제다. 우리가 척으로 말하고 듣게 되는 것은 감사와 지지, 또는 사과와 같은 말 대신 명령과 요구 또는 질책과 같은 말일 때가 많다 때때로 우리가 원하지 않고 좋아하지 않는 말을 듣거나 말해야 할 때도 있다. 그러나 우리는 이렇게 질문할 필요가 있다 한 사람에게 기쁨을 주는 긍정적인 말은 제쳐놓고 당장 해야 할 일 ......를 그들에게 꼭장 말해 버린다면, 그것은 ...... 우리 자신을 경시해서 그런 아닌가?" 아마 더 직접적인 질문은 이런 것일 것 같다. "우리가 지지하고, 격려하고, 사과하고, 감사하는 말 대신 ......하고, 거부하고, ...하는 말을 로 내뱉어 버리는 것은 우리가 기뻐할 능력이 없기 때문이 아닌가?"

영커뮤니케이션

이 책을 나의 어머니 김정희와
나의 딸 그레이스 손에게 바칩니다.

추천사

맥신 클라크 비치(드류신학교 명예학장)

기쁨이 우리 삶에서 성령의 열매일 뿐만 아니라 우리의 노력과 꿈 전체를 암시하는 것임을 전제하면서, 손 교수는 우리가 추구하는 기쁨을 위협하는 장애물에서 벗어나 우리를 기쁨의 영성으로 인도할 구체적인 지도를 조심스럽게 제시한다. 두려움과 의무에 사로잡힌 기쁨거절자와 기쁨발견자 사이의 이분법은 우리가 개인적으로 독특한 삶의 여정에 존재하는 복잡함과 마주할 때 실제적으로 다가온다. 이 책은 저자의 깊은 인간 이해에서 시작했지만, 하나님과 다른 이와의 관계가 우리가 추구하는 깊은 기쁨의 본질이라는 확신에서 출발한다. 예수의 생애를 본보기로 사용한 것은 통찰력 있을 뿐만 아니라 우리를 자유케 한다. 우리는 한 가지 소망을 품게 되는데, 그것은 두려움과 죄책감의 무게에서 벗어나 하나님과의 관계에서 비롯된 기쁨을 받아들이는 것이다. 이는 궁극적으로 다른 이가 또한 동일한 기쁨의 삶의 여정을 걷도록 돕는 데 우리를 자유케 한다. 우리 모두가 기쁨거절자가 아니라 기쁨추구자가 되기를 바란다.

주선영(WMBC-TV 회장, 성산교회 담임목사)

근대 오락 산업의 영역에서 오늘날 우리는, 삶의 기쁨이 결여된 것을 깊이 경험한다. 이 책은 기쁨의 완전한 효과를 발견하는 내적 통로를 제시하면서 기쁨의 숨겨진 보석을 발굴한다. 손 교수는 심리학적이고 현상학적 분석을 통한 기쁨의 해석학과 신학적이고 성서적인 사고를 통한 기쁨의 영성을 통합하여 이 과제를 아주 뛰어나게 다루었다. 삶에서 기쁨을 회복하려는 사람들은 이 책을 반드시 읽어야 한다. 이 책은 하나님이 본래 의도하신 기쁨을 치료하고 되찾으며 발견하는 삶의 여정으로 독자들을 초대한다. 또한 오늘날 사람들에게 절실히 요구되는 진정한 기쁨의 깊은 회복력을 되찾도록 독자들을 자극하고 도울 것이다.

찰스 스칼리스(풀러신학대학원 교회사 교수)

성경에 근거한 글을 통해 손 교수는 모든 그리스도인이 기쁨의 기질을 발달시키도록 도와준다. 그의 임상 훈련은 기쁨의 가능성과 약속에서 돌이켜 기쁨거절자로 만드는 다양한 성격과 이슈에 대한 목회적 진단을 자세하게 제공한다. 이 책은 놀라울 정도로 기쁨의 다양한 영역을 사려 깊게 개관한다. 독자들은 부당한 기쁨의 오용을 인식하고 피하는 동시에, 영성에 근거한 기쁨을 발견하고 축하하는 방법의 특별한 사례를 엿볼 수 있다. 손 교수는 한결같이 기쁨에 찬 삶으로 인도하는 숙련된 안내자가 되어 준다. 긍정적이고 찬양으로 가득하며 목회신학에 근거한 이 책은, 그리스도인에게 기쁨의 예배와 소망이 가득한 삶을 살도록 하나님의 부르심을 상기시킨다.

3장 기쁨의 다양한 얼굴

4장 기쁨으로 가는 길

5장 기쁨의 영성

감사의 글

주위의 많은 분들께 진심으로 감사드린다. 그들은 내 삶에 기쁨 발견자가 되어 주었고, 직접적 혹은 간접적으로 이 책을 출간하는 데 도움을 주었다. 나를 기쁨의 사람으로 길러 주신 어머니 김정희와 내 삶에 웃음과 활기를 선사한 나의 딸 그레이스 손에게 이 책을 바친다.

남편 디모데 손 박사 또한 내 삶의 동반자로서 삶에서의 기쁨이 얼마나 중요한지 지속적으로 일깨워 준 기쁨발견자이다. 그는 내 일을 지속적으로 도와주었고, 내가 삶과 일에서 열정을 갖고 집중하도록 도와주었다.

또한 기쁨의 영성 워크숍과 학회의 참석자들에게 감사드린다. 그들은 삶에서 기쁨의 영성이 얼마나 중요하고 적절한 주제인지를 확인시켜 주었다. 나는 기쁨의 영성 수업을 수강했던 드류신학교 교역학 석사와 목회학 박사 학생들에게 큰 빚을 지고 있다. 그들은 한 학기 혹은 그 이상 동안 나와 같이 기쁨에 이르는 길을 걸으며 동료애를 나누었다. 수업 시간에 함께 나눈 흥미로운 삶의 이야기들과 열정적인 기쁨 관련 프로젝트는 나에게 영감과 희망을 주었다. 그들의 논평과 질문 그리고 기쁨 관련 성경구절에 대한 해석 작업은 기쁨의 영성에 대한 지속적인 사고 발달에 깊은 통찰과 영향을 주었다. 특별히 자신들의 기쁨 이야기를 이 책에 싣도록 허락해 준 학생들에게 감사드린다. 그들은 Lora Steiner, Justine Sweet, Ronda Littleton-Johnson, Wayne R. Stackhouse, Jr 그리고 Joy Mounts이다. 내 원고를 읽고 값진 피드백을 해 준 동료들에게 또한 감사드린다. 특별히 제3장에 등장하는 공정한 기쁨과 불공정한 기쁨을 제안한 Charles Scalies에게 감사드린다.

내 친구들은 내 삶에 값진 기쁨발견자들이다. 그들과 함께 기쁨을 발견하는 일은 내 삶에서 기쁨이 계속 살아 있도록 했다. 특별히 나는 오랜 시간 우정을 나눈 Patricia Lee에게 감사드린다. 교회 공동체는 내게 많은 기쁨의 대화와 의미 있는 봉사의 근원이 되어 주었다. 특별히 하나님과 하나님의 사람들을 위한 변함없는 예배를 통해 내게 꼭 필요한 조언을 해 주신 주선영 목사님께 감사드린다. 드류대학교의 학장들, 동료들 그리고 행정 직원들은 내 일터가 기쁨을 발견하는 곳이 되게 해 주었다. 특별히 이 책의 원고를 작성하고 이를 출판하는 데 집중할 수 있도록 시간을 허락해 준 나의 전 학장인 Maxine Beach 박사와 Jeffrey Kuan 박사에게 감사드린다. 나는 또한 이 책의 연구에 소중한 도움을 제공한 전 신학교 도서관 사서인 Ernest Rubinstein 박사와 내 세 연구 조교인 이재호 박사, 장정은 박사 그리고 이성현 조교에게 감사드린다.

마지막으로, 하나님께 찬양과 감사를 올려드린다. 기쁨을 발견하시는 하나님이야말로 우리와 창조물의 끊임없는 기쁨의 궁극적인 근원이 되어 주신다.

1장

문제 정의: 기쁨이 없는 삶

기쁨으로 가득 찬 삶을 바라지만
그것이 결핍되어 있다

부모와 초등학교에 다니는 아들 한 명과 딸 두 명, 이렇게 세 자녀로 구성된 가정은 매우 만족스러운 삶을 살고 있다. 아버지는 성공적인 사업가이고, 어머니는 가정주부로 요리를 잘하며, 아이들은 학교를 잘 다니고 있다. 이러한 가족의 모습은 모든 사람이 원하는 미국의 전형적인 가정이다. 다시 말해, 그들은 안정적인 삶과 학교에서 좋은 성적를 내는 자녀들을 바라고 있다. 그러나 그 가정을 보다 자세히 살펴보면, 아버지는 비록 사업에 성공했지만 일하는 것을 남몰래 두려워하고, 어머니는 효과적으로 집안일을 하지만 항상 일을 끝내기 위해 분주하며, 아들은 어머니의 기대를 만족시키기 위한 일에 집착하고, 딸들은 항상 실수하는 것을 두려워한다. 결과적으로, 그 가정은 편안한 삶을 살아가고 있음에도 인생에서 매우 중요한 어떤 것이 결핍되어 있다. 그것은 바로 '기쁨'이다. 기쁨의 부재는 그들의 무관심에서 오는 무표정한 얼굴에서 가장 명확히 나타난다. 그들의 삶을 지배하는 원칙은 기쁨 대신 두려움과 의무일 수 있다. 비록 그들의 능력이 칭송받을 만큼 가치 있을지 몰라도, 종종 그들의 삶은 공허함으로 채워져 있어서 마치 빈 박스와 비슷할 수 있다.

불행하게도, 위의 가정과 유사하게, 우리 중 많은 가정이 일반적으로 그들의 삶에서 기쁨을 영위하지 못하고 있다. 이것은 내가 신학교 수업과 워크숍 그리고 학회 등과 같은 다양한 그룹에서 행한 구두 조사에서도 분명히 드러났다. 나는 미국 장로교의 교회 회의(synod)가 후원하여 해마다 열리는 한 여성 학회에 주강사로 초빙되어 성령의 열매인 기쁨에 대해 강의한 적이 있다. 수업을 시작하기 전에 여성들을 네 그룹으로 나눴는데 각 그룹이 한 질문에 대답하도록 했다. 첫 번째 그룹에게는 '어떤 말들을 가장 하고 싶어 하는지' 이야기하도록 했다. 두 번째 그룹에게는 '어떤 말들을 가장 하고 싶어 하지 않는지, 또는 어떤 말들이 가장 하기 어려운지'를 토의하게 했다. 세 번째 그룹에게는 '어떤 말들이 가장 듣고 싶은지'를 논의하게 했고, 마지막으로 네 번째 그룹에게는 '어떤 말들이 가장 듣고 싶지 않거나 아니면 가장 듣기 어려운지'를 말하도록 했다.

그 응답들은 대단히 일관성이 있었다. 그들이 가장 말하고 싶고 듣고 싶은 것은 말을 하는 사람으로나 듣는 사람으로나 기쁨을 가져오는 말들로 감사, 축하, 사랑, 지지, 나눔, 유머, 사과, 격려의 말들이었다. 가장 듣고 싶지 않거나 하고 싶지 않은 말은 기쁨을 감소시키고 억제시키는 말들이었다. 예를 들면 꾸짖는 말, 명령하는 말, 잘못을 지적하는 말, 거부하는 말, 부적절함을 지적하는 말, 비난하는 말, 마음을 아프게 하는 말 등이 바로 그런 것이었다. 비록 이것이 뉴저지와 뉴욕 장로교의 특정 그룹에서 행해진 조사이지만, 그 결과는 다양한 그룹 배경을 지닌 사람들을 대상으로 행한 조사와도 일치했다. 이것은 기뻐하고 싶지만 그것이 결핍된 우리 삶의 역설적인 상황을 보여 준다. 비록 우리는 우리 안에 기쁨을 불러일으키는 말들을 다른 사람에게 듣기 원하고 또 그들을 향한 우리의 기쁨을 표현하기를 바라지만, 우리는 기쁨의 말들을 표현하지도 또 그 말들을 다른 이들로부터 듣지도 못한다.

우리는 많은 말을 하고 또 들으며 산다. 너무 많은 말들이 우리의 입을 통해 나가고 귀를 통해 들어온다. 하지만 그것이 문제가 아니라 우리와 다른 이들에게 기쁨을 불러일으키는 말을 거의 하지 않거나 듣지 못한다는 것이 문제다. 우리가 반복적으로 말하고 듣게 되는 것은 감사와 지지, 또는 사과와 같은 말 대신 명령과 요구 또는 질책과 같은 말일 때가 많다. 물론 때때로 우리가 원하지 않고 좋아하지 않는 말을 듣거나 말해야 할 필요도 있다. 그러나 우리는 이렇게 질문할 필요가 있다. "다른 사람에게 기쁨을 주는 긍정적인 말은 제쳐놓고 당장 해야 할 일이 뭔지를 그들에게 곧장 말해 버린다면, 그것은 우리가 우리 자신을 경시해서 그런 것은 아닌가?" 아마 더 직접적인 질문은 이런 것일 것 같다. "우리가 지지하고, 격려하고, 사과하고, 감사하는 말 대신 요구하고, 거부하고, 비난하는 말을 곧바로 내뱉어 버리는 것은 우리가 기뻐할 능력이 없기 때문이 아닌가?"

아마도 이것은 많은 이들이 감당하기 힘든 두려움과 의무에 마주하면서 자신들이 갇혀 있다고 느끼는 중요한 이유일지 모른다. 심지어 더욱 놀라운 것은 그 문제를 전혀 눈치 채지 못한 채 잘못된 판단을 하고 있을 때가 많다는 사실이다. 우리는 대개 한 가정이 얼마나 기쁨으로 가득한지보다 얼마나 부유한지에 관심을 보인다. 게다가 교회와 사회 모두 이러한 상황 곧, 우리 삶에 기쁨이 없는 것을 치료하기 위해 비효율적인 접근을 해왔다. 특별히 기쁨의 영적 차원을 강조하는 교회의 노력은, 비록 어느 정도는 도움이 되었지만, 대개 성령의 열매 중 기쁨을 2등급으로 간주하는 무언의 태도나 인간 조건에 대한 심리학적인 이해의 부족으로 그 노력한 만큼의 결실을 거두지 못했다. 그러한 제한된 접근은 잘못된 신념과 실천을 만들어 내는 결과를 가져왔다. 이러한 접근에서의 실수는 기쁨을 성령의 다른 열매와 비교하여 열등한 것으로 여길 때 나타날 수 있다. 이것은 기쁨을 충분히 계발시키지 못한 채 억압된 기쁨을 누리는 결과를 낳는다. 이러한 이유로 사람들이 기뻐하며 살도록 장려할 때 기쁨의 완전한 표현이 기독교적이지 않다는 두려움이 생긴다. 이러한 실수는 인간 상황을 진단하거나 치료 방법을 제안할 때에도 잘 나타난다. 이런 접근이 갖는 근본적인 진단 오류는 우리 삶의 기쁨의 부재 원인을 욕망과 즐거움에 대한 부도덕한 쾌락주의적 성향에 돌리는 것이다. 또한 기쁨을 요구하는 한 사람의 능력을 전적으로 그 사람의 의지력에서 찾는 것이다. 이런 잘못된 해결책은 사람들의 의지를 훈련시켜 욕망과 쾌락(plea-sure)에는 "아니오."라고 말하고, 기쁨에는 "예."라고 말하라고 충고한다. 이러한 해결책을 따를 때 우리는 사람들에게 이렇게 말할 것이다. "쾌락을 찾는 것을 그만두시오. 그리고 기쁨이 넘치도록 노력하세요."

이렇게 널리 퍼져 버린 잘못된 신념과 오해 그리고 그릇된 실천에 근거하여, 성서적인 그리고 심리학적인 측면에서 기쁨의 영성을 발달시킬 수 있는 방법을 살펴보고자 한다. 특별히 복음서를 살펴볼 텐데, 그것은 예수님이 하나님과 우리의 관계에서 기쁨을 최상의 표현으로 생각하신다는 것을 증명해 주기 때문이다. 그리고 하인즈 코헛(Heinz Kohut)의 자기 심리학의 통찰을 적용하여 우리 삶에서 기쁨을 누리는 우리의 능력이 성향으로서의 기쁨 발달에 의존해 있음을 제안하고자 한다. 우리는 기쁨의 성향을 발달시키는 데 있어 세 가지를 논의할 것이다. 첫째, 우리 안에 성향으로서의 기쁨이 계발되는 것은 기쁨발견자(joyfinders)라 불리는 사람들의 도움을 통해서만 가능하다. 둘째, 성향으로서의 기쁨 계발이 이루어지지 않으면 끊임없이 즐거움만 계속 찾으며 기쁨 없는 삶을 살게 된다. (3) 성향으로서의 기쁨 계발은 우리 내면의 자기 확신과 생명력을 촉진한다.

다시 말해, 우리를 기쁘게 할 수 있는 것은 우리 자신의 의지력이 아니라 놀랍게도 기쁨을 우리와 함께 공유하고자 하는 다른 이들의 의향이며, 그것이 곧 성향으로서의 기쁨을 계발하도록 우리를 돕는다는 것이다. 게다가 우리 삶에서 나타난 기쁨의 부재는 우리 사회의 보편적인 쾌락에 대한 몰두에서 비롯된 것이라기보다는 성향으로서의 기쁨 계발이 부재된 데 그 이유가 있다. 그러므로 나는 기쁨 없는 공허함의 느낌이 우리 삶에 쾌락을 추구하는 강한 경향의 결과가 아니라 그러한 경향의 원인임을 주장하려고 한다. 다시 말하면, 기쁨의 부재는 쾌락에 대한 우리의 의존성이 가져온 결과가 아니라 그 원인인 것이다. 우리가 쾌락을 추구하는 삶의 방식은 우리 삶에서 기쁨의 부재가 그 원인이 아니라 성향으로서의 기쁨 부재가 갖고 있는 증상이다. 기쁨 없는 삶에 대한 성서적이고 심리학적인 고찰은 이러한 상황의 치료책으로 기쁨에 대해 "예."라고 말하고, 쾌락에 대해 "아니오."라고 간단히 말하는 것이 왜 부적절한지를 보여 준다. 반복적으로 기쁨을 발견하려고 노력하는 많은 사람들은 단순히 기쁨에 대해서는 긍정하고 쾌락에 대해서는 부정하는 이러한 사회적 치료 방안에 맞추어 살아가려 할 때 좌절한다. 불가피하게 이것은 지극히 당연한 결과인데, 왜냐하면 어떤 사람이 성향으로서의 기쁨이 부재할 때 그 사람은 기쁨을 긍정하고 쾌락을 부정할 수 없기 때문이다. 결과적으로, 우리에게는 보다 더 적절한 접근이 필요하다. 그것은 사람들이 성향으로서의 기쁨을 계발하도록 하는 것이다. 단순히 쾌락의 노예가 되지 말고 기쁨의 삶을 살라고 사람들에게 권면하는 대신, 성향으로서의 기쁨이나 그들 영혼 깊이에 확신을 세우는 방식으로 돌봄받을 필요가 있다.

삶의 기쁨을 고찰하기 위해 사람들을 두 부류로 나눌 수 있는데, 그것은 기쁨발견자(joyfinders)와 기쁨거절자(joyrefusers)이다. 기쁨발견자는 기쁨이 계발된 성향으로 자리 잡고 있어 그 결과 삶의 의미와 목적에 확신을 지닌 사람이다. 게다가 그들은 하나님께서 그들의 삶에 부여하신 가장 풍성한 수준의 기쁨을 누릴 수 있다. 기쁨발견자에 대해서는 제4장에서 보다 충분히 논의하고, 여기서는 기쁨거절자에 대해 자세하게 설명하겠다.

기쁨거절자들은
두려움과 의무의 사람들이다

기쁨거절자들은 삶의 기쁨을 경험하는 데 아직 준비되어 있지 않은 사람들이다. 기쁨거절자들이 의도적으로 기쁨을 경험하는 것을 거부하는 것은 아니다. 오히려 그들은 어린 시절에 거절되고 억압된 기쁨을 경험했을지도 모른다. 결과적으로 그들은, 성향으로서의 기쁨을 계발시키지 못했다. 그들은 삶에서 기쁨을 발견할 능력이 부족하기에 자연스럽게 기쁨거절자들이 된 것이다. 이와 같은 사람들은 '안전함'(security)과 '확신함'(assurance)이 부족하다. 그러므로 기쁨을 찾으려는 그들의 노력은 종종 삶의 안전함과 확신함을 가져다줄지 모르는 모든 조그만 것들을 모으는 데 초점을 맞춘다.

기쁨거절자의 부류에 속하는 사람들이 많이 있다. 이 그룹을 사회에 널리 퍼져 있는 두 부류의 기쁨거절자로 나눌 수 있다. 바로 의무에 묶인 사람들과 두려움에 사로잡힌 사람들이다. 불행하게도, 비록 우리가 처한 상황이 어느 정도는 다르다고 하더라도 우리 중 많은 사람이 우리 스스로를 이와 같은 부류에 속한 것으로 본다.

우리 중 몇몇 사람들은, 그리스도이든 비그리스도인이든, 의무에 속박된 사람들이다. 일반적으로 어떤 일을 반드시 해야 한다는 책임감과 민감함 때문에 이 세상이 순조롭게 돌아간다. 그러나 우리는 삶의 좋은 것에 대해 기뻐하고 축하하기 전에 우리의 의무를 먼저 확인하기도 한다. 무엇이 행해져야 하는가가 우리 삶의 가장 최우선 순위가 되는 것이다. 그 결과 우리는 오직 모든 일이 제대로 되었는지를 확인하는 데 초점을 맞춘다. 어떤 성취로 생겨난 즐거움과 기쁨은 종종 옆으로 비켜나고 뒤로 사라진다. 필요한 일을 끝내기 위해 해야 할 목록은 우리 삶의 중심이 된다. 해야 할 것들을 함으로써 우리는 신뢰할 만한 사람이 되며, 우리 자신과 다른 사람에게 유익을 주기 때문에 그것은 가치가 있다. 하지만 그것들이 자주 우리 삶에서 가장 중요한 역할로 여겨지는 것을 본다. 우리 삶의 거의 모든 일이 이제 해야 할 일의 목록의 한 부분이 된 것이다. 그 목록에는 의심할 여지없이 일상적인 일들이 포함되는데, 예를 들어 아이들을 시합에 데려다 주는 일, 배관공을 만나는 일, 잔디를 깎고 집을 청소하며 요금 고지서를 처리하는 일 등이다. 그러나 이러한 일들에 조금씩 매일의 삶에 덜 중요한 일들이 더해지기 시작한다. 그 목록에는 친구를 만나는 일, 교회에서 친교 시간을 준비하는 일, 가족의 생일 파티, 휴가 계획 같은 것들이 추가된다. 부모님께 전화하는 것도 이러한 목록에 있을지도 모른다. 성경 읽기, 기도하기도 가끔 이 목록에서 찾아볼 수 있다. 이런 식으로 우리는 삶의 대부분의 활동을 의무로 바꾸어 버렸다. 우선 이것을 처리하고, 다음에는 저것을 처리하고, 그리고 나서는 더 많은 것을 계속해서 처리해야 할 필요가 있음을 발견한다. 이처럼 우리의 삶은 처리해야 할 것들의 끝없는 연속이 되어 버렸다. 그러나 우리의 삶은 이것을 처리하고 저것을 처리하며 다른 무엇을 계속 처리해야 하는 단순히 끝없는 이야기가 되어서는 안 된다. 하나님께서 우리에게 허락하신 것을 즐길 여지가 우리에게 있어야만 한다. 그렇지 않으면 하나님께서 주신 선물, 예를 들면 의미심장한 관계와 우리가 이룩한 성취와 같은 것들을 잃어버리게 된다. 심지어 수면, 식사 그리고 목욕과 같은 우리의 가장 기본적인 필요마저 즐겨야 할 것이라기보다는 처리해야 할 의무로 전락해 버린다.

의도한 것은 아니지만 삶의 많은 측면을 의무로 바꾸어 버림으로써 우리는 잠시라도 삶의 좋은 순간을 기억하거나 우리 앞에 놓여 있는 날들을 꿈꾸며 기대하는 여유조차 잃어버린다. 예를 들면, 삶의 선물인 아기의 탄생은 우리에게 큰 기쁨을 가져다주지만 이 동일한 삶의 선물은 해야 할 수많은 일을 가져다준다. 시간 맞추어 젖 먹이기, 바르게 트림시키기, 다치지 않게 목욕시키기, 제때 기저귀 갈아 주기, 안전한 세제로 아기 옷과 담요 빨기, 적절한 장난감 구입하기, 병원 데려가기, 걷도록 도와주기, 노래 불러 주고 말 가르쳐 주기 등이 그런 것들이다. 이러한 많은 일이 아이가 건강하게 자라도록 하는 데 필요한 것이지만 동시에 그것들은 우리를 여유롭지 못하게 하여 그 모든 활동의 중심인 기쁨, 곧 아기가 건강하게 자라면서 느끼는 기쁨을 누리지 못하게 할 수 있다.

의무에 묶인 태도 때문에 그리고 옳고 그름의 문제에 지나치게 신경을 쓴 나머지, 우리는 심지어 축하하고 기뻐해야 할 일들에 대해서도 별로 기뻐할 수 없다. 처리해야 할 일들의 노예가 되어 기쁨을 누리는 삶보다는 처리하고 돌봐야 할 것이 많은 삶을 살게 된다. 그래서 그 일들을 다 완수하고 난 뒤에야, 다시 말하면 처리해야 할 목록에 있는 모든 항목을 다 한 후에야 모든 것이 제대로 되었다고 느끼고 안심한다. 이런 식으로 우리는 기쁨으로 반응해 주기를 기다리고 있는 삶의 아름다운 순간에 눈길을 돌리지 못하고, 시야협착증 환자처럼 우리 존재 안에 있는 기쁨을 발견하지 못한다. 우리는 "무엇을 먹을까?" 혹은 "무엇을 입을까?" 혹은 "무엇을 마실까?"에 대해 걱정하지 말라는 주님의 말을 너무 자주 잊고 산다(마 6:31). 우리 삶에 대한 책임이 전적으로 우리에게만 있는 것이 아니라 하나님도 우리의 삶에 책임이 있다는 사실을 잊고 사는 것이다. 믿음을 가지고 하나님께서 하시도록 그냥 내버려 두는 것(LET GO AND LET GOD)의 의미를 잊은 것이다.

우리 중의 어떤 이들은 의무에 속박된 사람들로부터 완전히 정반대편에 위치해 있다. 나는 그들을 두려움에 사로잡힌 사람들이라고 부른다. 이들은 두 부류로 나뉘는데, 한 부류는 '방종한'(indulgent) 사람들이고 또 한 부류는 '무기력한'(helpless) 사람들이다. 이 두 부류의 사람들은, 비록 그 회피 방법이 서로 다를지라도, 삶의 의무를 회피하는 면에서는 동일하다. 방종한 사람들은 부과된 책임을 무시하고 개인적인 욕구만을 추구하는 반면, 무기력한 사람들은 아무것도 시도하지 않을 뿐 아니라 그 어느 것도 제대로 처리하지 않는다. 전자의 사람들은 세상이 그들의 몫을 빼앗아갈까 봐 염려하는 반면, 후자의 사람들은 그들이 이룰 수 있는 성취를 세상이 빼앗아갈까 봐 두려워한다. 이 두 부류의 사람에게는 한 가지 공통점이 있는데, 그것은 세상이 자신들에게 호의적으로 대하지 않을까 봐, 자신들을 부당하게 취급할까 봐 두려워한다는 것이다. 그래서 이들은 자신의 생각에 자기에게 걸맞다고 여겨지는 것들을 당장 취하려고 하거나, 아니면 그 반대로 더 이상 실패하지 않기 위해 아무 시도도 하지 않는다.

방종한 사람들의 경우 그들의 결정은 충동적이거나 변덕스럽고, 일반적으로 기다리는 능력이 부족하다. 그래서 순간적으로 결정을 내리거나 행동을 해 버리는 경향이 있다. 이는 그들의 결정과 행동에 일관성의 부족을 가져온다. 일관성이 있다면 그것은 무엇이 되었든 그들에게 가능한 제일 처음 것을 움켜쥐는 것이다. 이런 식으로 이들은 순간을 위해 사는 사람들이다. 결정을 내릴 때, 미래를 위해 투자한다거나 과거를 참고하는 것 따위는 하지 않는다. 오직 현재의 순간에만 관심을 두는 좁은 시야를 통해 삶을 바라본다. 그래서 오늘은 자신들의 친구나 교우들을 존경하다가도 내일은 그들에 대해 정반대의 관점을 보이기도 한다. 이들은 또한 이사 오거나 교회에 처음 나오는 사람들을 제일 먼저 맞이하기도 하지만, 또 한편으로는 제일 먼저 등을 돌리는 사람들이기도 하다. 그 이유는 이들의 무절제한 모습에 다른 사람들이 함께하려 하지 않는데, 이들이 이 사실을 알고 심한 배신감을 느끼기 때문이다.

방종한 사람들은 쉽게 흥미를 잃는 성향이 있어서 뭔가 또 다른 자극적인 것을 계속 찾아다닌다. 그리고 이들은 다른 사람들이 자신을 칭찬하거나 부러워하기를 기대한다. 또한 이들은 뭔가를 요구함으로써 자신이 살아 있다는 것을 확인하려 한다. 그들이 무엇인가를 원할 때 그들은 즉각적으로 그것을 가져야만 한다. 이들 중 어떤 사람은 원하는 것을 구입하는 데 필요한 돈을 마련하기 위해 비인간적인 혹은 비도덕적인 행위까지 서슴지 않는다. 예를 들면 어떤 십대 소녀의 경우 유명 상표의 핸드백을 구입하기 위해 인터넷 성매매나 매춘행위를 하기도 한다. 대담무쌍하거나 아슬아슬한 행동을 일삼는 이들도 이 부류에 속한다. 그러나 이들에게 있어 가장 비참한 것은 이런 행위로 인한 모든 자극이 잠시 잠깐의 쾌감, 보다 정확히 말해 그들이 지닌 불안을 줄여 줄 수는 있을지라도 이들에게 지속적인 기쁨과 즐거움을 가져다주지는 못한다는 것이다. 그래서 이들은 외부의 자극을 끊임없이 추구하여 덧없는 쾌감을 지속적으로 맛보려고 한다. 이런 식으로 이들은 방종과 쾌락의 밑 빠진 독 안에서 헤매게 된다. 이들의 삶에 기쁨이란 존재하지 않으며, 그들은 일반적으로 지속되는 기쁨의 자리를 순간적인 쾌락으로 채우려고 한다.

무기력한 사람들의 경우 비록 두려움이 그들 삶의 한두 가지 주요 영역에서 그들을 괴롭히기도 하지만, 극단적인 경우에서는 그들의 삶을 사로잡는 불안(anxieties)은 생활하는 데 필요한 가장 기본적인 것까지 할 수 없게 만든다. 말하자면 침대에서 나오는 것, 매일 아침 이를 닦는 것, 샤워하는 것 등이다. 사소한 움직임조차도 귀찮게 여겨지고 넘을 수 없는 산봉우리처럼 느껴진다. 그래서 이들은 심지어 삶의 한 부분이나마 처리할 수 있는 에너지라도 분출할 수 있기를 간절히 원한다. 비록 몇몇 경우에서 두려움이 그들 삶의 한두 가지 주요 영역에만 제한되어 있다고 해도, 두려움은 너무나 자주 그들의 삶의 전체에 강하게 영향을 미쳐 결국 그들은 끊임없이 필요한 의무와 결정과 함께 삶을 회피하게 된다. 그렇기에 이들은 기권한 삶을 살게 된다. 이들은 옳고 그름, 혹은 좋고 나쁨이 상황이나 다른 사람에 의해 결정되도록 맡겨 버린다. 심한 경우에는 다른 사람이 결정해 놓은 그것조차도 이들은 행할 수 없다. 그저 대부분의 일들이 행해지지 못하고 방치되고 만다.

망설임과 나태의 결과들이 마지막 숨까지 질식시키면서 그리고 주변 사람들의 마지막 한 방울의 에너지까지 고갈시키면서 쌓여 간다. 그래서 주변 사람은 무기력한 사람들을 계속 돌보고 사랑하려 하지만, 결국 그들 자신도 무기력해져서 아무 것도 할 수 없게 된다. 주변에서 바라볼 때는 무기력한 타입의 사람들이 바로 자신 때문에 주변에 있는 사람이 긴장감과 압박감에 시달리고 있다는 사실에 무관심한 것처럼 느낄 수 있다. 그러나 그들은 사실 더 책임감 있는 존재가 되고 싶으나 그것이 마음대로 되지 않는다는 것에 좌절감을 느낀다. 심지어 그 무력한 상태에서 벗어나려고 시도하지만 그 시도조차 번번이 실패하기 때문에 더 좌절한다. 그래서 그들은 스스로도 어찌할 수 없는 게으르고 의지가 약하며 스스로 동기 부여를 할 수 없는 사람들이 되고 만다. 이런 이유로 다른 사람들은, 그들을 모든 이들의 동정을 구하고 아이처럼 행동하는 대신 일어나 걸어야 할 필요가 있는 존재로 생각한다. 이들에게 있어 기쁨이란 그들의 삶에서 오랫동안 잊혀져 기억이 가물가물한 그런 것일 뿐이다.

두려움에 사로잡힌 사람들은 무책임하고, 속기 쉬우며, 낭비하고, 경계가 불분명하며, 충동적이고, 자신에게 관대하며, 기다리지 못하고, 끊임없이 쉬운 방법을 찾으며, 그들에게 주어진 것 이상을 추구하지 않고, 다른 상황에서 마음을 재빨리 바꾸는 사람들로 종종 묘사된다. 반면 의무에 속박된 사람들은 책임적이고, 완벽주의적이며, 검소하고, 뚜렷한 경계가 있으며, 계산적이고, 이성적이며, 다른 사람을 원망하고, 업신여기며, 판단적인 사람들로 묘사된다. 두려움에 사로잡힌 사람들은 위에서 언급한 것과 같이 불안에 의해 기본적으로 꼼짝도 못하는 사람들을 포함한다. 그들 중 어떤 이들, 곧 불안에 의해 무능하게 된 것은 아니지만 그것에 압력을 받는 사람들은 제멋대로인 욕구 때문에 빈약하고 충동적인 결정을 내리고 끊임없이 그들의 삶을 엉망으로 만든다.

두려움에 사로잡힌 사람들은 다른 사람들의 자비에 많이 의존하는 것처럼 보인다. 그들은 너무 무력해서 그들 스스로를 도울 수 없거나 지나치게 미성숙해서 자신의 삶을 향상시킬 건강한 결정을 내리지 못하는 것처럼 보인다. 그들은 종종 매우 상냥한데 그 이유는 쉽게 다른 이들과 외부의 상황에 의해 흔들리기 때문이다. 그들은 불분명한 경계를 갖고 있어 쉽게 무엇인가를 줘 버리기를 좋아하는 사람들로 보일 수 있다. 그들은 지나치게 자기 스스로를 다른 이들에게 주거나 다른 사람들에 의존하는 것처럼 보일 수 있다. 반면 의무에 속박된 사람들은 그들의 업무와 경계에 대해 매우 분명하다. 그들은 자주 엄격한 경계로 완고한 것처럼 보인다. 그들은 책임감이 있지만 두려움에 사로잡힌 사람들처럼 관대하다는 인상을 받지 못한다. 의무의 엄격한 수행으로 모든 사람의 삶을 쉽게 만드는 데 공헌하기도 하지만, 그들은 다른 사람들을 향해 판단하고 경멸하는 태도를 갖고 있고 자신이 충분히 평가되지 못한 것 때문에 다른 사람에게 원망을 품고 있다.

의무에 속박된 사람들과 두려움에 사로잡힌 사람들은 얼핏 보면 정반대 종류의 사람들로 보인다. 의무에 속한 사람들은 책임감이 있지만, 두려움에 사로잡힌 사람들은 충동적인 경향을 보인다. 그러나 이 대조되는 삶의 방식의 원인은 사실상 동일하다. 그들은 모두 성향으로서의 기쁨 발달의 부재로 삶의 안전감 또는 확신감이 결핍되어 있다. 두려움에 사로잡힌 사람들은 그들이 지닌 어떤 조그마한 안전감이든 그것을 보존하기 위해 행동이 아닌 소비를 통해 삶의 안전을 찾으려고 한다. 반면, 의무에 속박된 사람들은 삶의 요구들을 만족시킴으로 삶의 안전을 도모하려고 한다. 의무에 속박된 사람들이 어떤 문제든 회피하지 않는 것처럼 종종 보여도, 그들 또한 두려움에 사로잡힌 사람들처럼 끊임없이 재확인받아야 하고 그들 자신의 존재에 대한 확신을 얻어야 하는 필사적인 욕구가 있다. 예를 들어 의무에 속박된 사람들은 책임적인 업무 수행으로 얻은 포상에서 그들 존재의 의미 혹은 목적을 발견한다. 만약 그들의 업무가 지극히 평범한 것으로 밝혀지거나 또는 심하게는 실패로 알려지면, 그들은 자기 자신의 확신에 심한 타격을 입는다. 그들의 의무 수행에 의해 삶의 공헌이 평가되지만 그 공헌은 확신감을 확인받아야 하는 그들의 끈질기고 끔찍한 욕구를 위장한 가면을 만드는 데 도움을 줄 뿐이다.

무엇보다도 의무에 속박된 사람들과 두려움에 사로잡힌 사람들은 주도적으로 인생을 이끌어 가는 것과 기쁨을 경험하는 데 있어서의 무능력으로 확신감 결핍을 보인다. 주도권과 기쁨의 부재는 두려움에 사로잡힌 사람들의 무력한 유형에서 보다 쉽게 관찰되지만, 그럼에도 불구하고, 분명하게는 아니더라도 두려움에 사로잡힌 방종적인 또는 제멋대로인 사람들의 유형과 의무에 속박된 사람들의 유형에서 또한 이 부재는 존재한다. 의욕을 상실한 그룹에 속하면서 두려움에 사로잡힌 사람들은 주도권과 기쁨의 부재를 뚜렷하게 보인다. 반면 제멋대로 유형에 속하면서 두려움에 사로잡힌 사람들은 끊임없이 어떤 일들을 시도하기에 주도권과 기쁨을 소유한 것처럼 보이지만, 그 겉모습과는 달리 그들 또한 자기 주도권이 없다.

빈약하고 충동적인 결정들은 주도적이라는 것을 반영하는 것이 아니라 지금 이용 가능한 것이 사라질 것이라는 두려움 때문에 즉각 그것들을 붙잡은 것이다. 그들은 일반적으로 삶이 매우 불안정해서 지속되는 어떤 것의 가능성을 보기 어렵다. 따라서 그들은 최상의 가능한 결과를 얻기 위해 모든 조각을 끼워 맞추는 보다 알맞은 시기와 상황을 기다리지 못한다. 그들의 삶은 실패의 끊임없는 연속과 운명적으로 매일 반복되는 실패의 동일한 시나리오를 갖고 있는 듯 보인다. 그것은 마치 영화 "사랑의 블랙홀"(Groundhog Day)에서 빌 머레이(Bill Murray)가 연기한 리포터에게 일어난 것과 같은 것이다. 실패의 운명이 동일한 방식으로 끊임없이 반복된다.

게다가 그들의 미성숙한 결정으로 얻게 되는 기쁨은 단지 지속적으로 유지되지 않는 미성숙한 기쁨이다. 그들이 원했던 것을 얻고 좋은 상황이 되어 그들은 기쁨을 누리게 될지도 모른다. 그러나 그들이 얻은 것이 생각했던 것보다 더 빨리 사라질 때 그 기쁨은 실망과 괴로움, 절망으로 바뀐다. 한편으로는 기뻠과 다른 한편으로는 절망의 반복적인 경험은 그들 삶에 나타나는 기복을 무한정 반복한다. 결과적으로 그들은 부드러운 산들바람에 땀이 식고, 조용하지만 맹렬히 쏟아지는 빗줄기에 마음이 흔들리지 않는 견고함을 떠올리는 사람들과 달리, 결코 쉬지 못하며 기쁨을 경험하지 못한다.

의무에 속박된 사람들의 삶에 기쁨이 얼마나 결여되어 있는지를 보기란 쉽지만, 그들은 여전히 삶을 주도적으로 살아갈 수 있는 능력을 지닌 사람들로 보인다. 의무의 그 모든 요구를 성취하는 그들의 능력은 대개 업무를 앞장서서 주도하는 능력의 결과라고 생각한다. 그들이 주도적으로 그러한 의무를 다루지 않았다면 그 일을 끝내지 못했을 것이다. 그러나 겉으로 드러난 것의 이면을 보는 것이 중요하다. 그들은 스스로 주도적일 수 없다는 것을 깊이 알고 있는 바로 그 이유로 그들의 삶을 의무적인 어떤 것으로 바꾼다. 삶에서 주도적으로 일을 수행하는 것은 위험부담이 너무 크다. 예를 들어, 교회를 위해 연이어 프로그램을 만드는 목사는 높은 자발성과 주도권을 지닌 사람처럼 보일지도 모른다. 그러나 수많은 프로그램이 그 목사의 기대에 부응하지 못하는 끊임없는 불충분을 회중들로 경험하게 한다거나 교회의 주의가 필요한 몇몇 예기치 않은 상황에도 그 목사가 주목하지 않는다면, 아마도 그것은 그 목사가 삶에서 진정한 주도권을 행사하면서 오는 두려움과 그러한 주도권이 삶에서 결핍되어 있는 것을 위장하기 위해 수많은 이벤트와 프로그램으로 교회를 채우는 경우라고 말할 수 있다. 그는 교회가 해야 할 일이 없다는 것을 두려워한다. 또한 예기치 못한 일이 일어나는 것은 견딜 수 없고, 막중하게 느껴진다. 뜻밖의 가능성을 제거하기 위해 그들은 의무로 자신의 삶을 채운다. 그들은 거의 기계적인 삶을 살며, 위험을 감수하고 주도권을 행사하여 끊임없이 변화하는 상황에 자발적으로 적응해 가는 능력을 지닌 존재로 살아가지 못한다.

돌아온 탕자와 그 형은
모두 기쁨거절자들이다

돌아온 탕자의 비유에서 두 형제는 두 다른 부류에 대한 좋은 예이다. 형은 의무에 속박된 사람이고, 동생은 두려움에 사로잡힌 사람이다. 예수님이 말씀하신 탕자의 비유는 다음과 같다.

> 또 이르시되 어떤 사람에게 두 아들이 있는데 그 둘째가 아버지에게 말하되 아버지여 재산 중에서 내게 돌아올 분깃을 내게 주소서 하는지라 아버지가 그 살림을 각각 나눠 주었더니 그 후 며칠이 안 되어 둘째 아들이 재물을 다 모아 가지고 먼 나라에 가 거기서 허랑방탕하여 그 재산을 낭비하더니 다 없앤 후 그 나라에 크게 흉년이 들어 그가 비로소 궁핍한지라 가서 그 나라 백성 중 한 사람에게 붙여 사니 그가 그를 들로 보내어 돼지를 치게 하였는데 그가 돼지 먹는 쥐엄 열매로 배를 채우고자 하되 주는

자가 없는지라 이에 스스로 돌이켜 이르되 내 아버지에게는 양
식이 풍족한 품꾼이 얼마나 많은가 나는 여기서 주려 죽는구나
내가 일어나 아버지께 가서 이르기를 아버지 내가 하늘과 아버
지께 죄를 지었사오니 지금부터는 아버지의 아들이라 일컬음을
감당하지 못하겠나이다 나를 품꾼의 하나로 보소서 하리라 하고
이에 일어나서 아버지께로 돌아가니라 아직도 거리가 먼데 아버
지가 그를 보고 측은히 여겨 달려가 목을 안고 입을 맞추니 아들
이 이르되 아버지 내가 하늘과 아버지께 죄를 지었사오니 지금
부터는 아버지의 아들이라 일컬음을 감당하지 못하겠나이다 하
나 아버지는 종들에게 이르되 제일 좋은 옷을 내어다가 입히고
손에 가락지를 끼우고 발에 신을 신기라 그리고 살진 송아지를
끌어다가 잡으라 우리가 먹고 즐기자 이 내 아들은 죽었다가 다
시 살아났으며 내가 잃었다가 다시 얻었노라 하니 그들이 즐거
워하더라 맏아들은 밭에 있다가 돌아와 집에 가까이 왔을 때에
풍악과 춤추는 소리를 듣고 한 종을 불러 이 무슨 일인가 물은대
대답하되 당신의 동생이 돌아왔으매 당신의 아버지가 건강한 그
를 다시 맞아들이게 됨으로 인하여 살진 송아지를 잡았나이다
하니 그가 노하여 들어가고자 하지 아니하거늘 아버지가 나와
서 권한대 아버지께 대답하여 이르되 내가 여러 해 아버지를 섬
겨 명을 어김이 없거늘 내게는 염소 새끼라도 주어 나와 내 벗으
로 즐기게 하신 일이 없더니 아버지의 살림을 창녀들과 함께 삼
켜 버린 이 아들이 돌아오매 이를 위하여 살진 송아지를 잡으셨
나이다 아버지가 이르되 얘 너는 항상 나와 함께 있으니 내 것이

다 네 것이로되 이 네 동생은 죽었다가 살아났으며 내가 잃었다
가 얻었기로 우리가 즐거워하고 기뻐하는 것이 마땅하다 하니
라. 눅 15:11-32

여기서 동생은 두려움에 사로잡힌 사람의 모습을 보인다. 그
는 인내하지 못하고 아버지에게 상속의 일부를 요구했다. 동생
은 2인자인 형에게 아버지의 모든 재산이 상속될까 봐 두려웠
다. 그에게는 가족의 재산을 돌보려는 책임감은 없었다. 단지
가족의 재산 중 자신에게 속한 부분에만 관심이 있었다. 그는
자신의 재정 상황이 좋다고만 생각했지 그것이 얼마나 오래갈
수 있을지는 고려하지 않았다. 게다가 그는 돈이 결코 바닥나지
않을 것이라고 생각하며 흥청망청 돈을 썼다. 안타깝게도 그는
자신의 돈이 생각했던 것보다 훨씬 빨리 없어질 수 있다는 것을
깨닫지 못했다. 모든 재산을 탕진한 것은 그가 재산을 관리하
는 데 무책임할 뿐만 아니라 아둔하고 충동적이며 낭비하는 사
람이라는 것을 암시한다. 집을 떠나고 또 집으로 돌아오는 과정
가운데 동생은 분명 충동적인 사람이었다.

그는 가장 천한 직업 중 하나인 돼지 치는 사람으로 고용되
어 일해야 했다. 특별히 규범적인 유대인으로 자라난 사람들에
게 그것은 천한 일이었다. 만약 그가 집에 있었다면 이런 일을
할 필요가 없었다. 왜냐하면 가족의 일꾼들이 그 일을 해 주었
기 때문이다. 그러나 그는 굶어 죽기 직전이었기에 돼지의 먹이
라도 먹을 수만 있다면 행복했을 것이다. 당시 유대교 문화에

따르면 돼지 치는 유대인들은 더 이상 유대인으로 간주되지 않았고 가족에게로 돌아올 수 없었다. 그가 돼지 치는 일에 뛰어들고 유대인으로서의 정체성과 가족을 잃은 것은 적합한 경계를 형성하지 못했기 때문이다. 이 이야기의 결말을 아는 우리는, 유대인으로서의 정체성을 잃는 것이 얼마나 위태로운 일인지 그 심각성을 충분히 이해하지 못할 수도 있다. 유대 민족에게 유대인으로서 자신의 지위를 상실하는 것은 인생에서 일어날 수 있는 가장 큰 굴욕이다. 그것은 죽음에 직면하는 것과 같다. 그것은 유대인들이라면 모든 가능한 방법을 동원하여 그들에게 일어나지 않도록 해야 할 어떤 것이다.

하지만 그는 돼지를 돌보는 일을 하면서 자신의 위치를 잃었을 뿐 아니라 자신의 모습을 속히 돌아보게 되었다. 결과적으로 그는 자신의 가족이 고용한 일꾼이 하는 일이 자기가 하는 것보다 훨씬 더 나을 것이라고 생각했다. 결국 그는 음식과 거처를 위해 자포자기하는 심정으로 가족에게 돌아가기로 결정했다. 이 둘째 아들은 자신의 행동이 자신과 사회에 어떤 영향을 미칠지에 대해서는 큰 고민을 하지 않고, 이 상황에서 저 상황으로 자신의 실존적 욕구를 위해 쉽게 옮겨 다니는 것처럼 보인다. 이 비유의 독자인 우리는 회개에 신속히 이른 탕자를 칭찬할지도 모른다. 비록 탕자는 진정한 회개의 모습을 보여 주었지만, 나는 이것이 이 상황에서 저 상황으로 신속하게 변화하는 그의 내면의 충동적 성격과 보다 관련이 있다고 생각한다. 만약 그렇다면 우리는 하나님을 더욱 찬양해야만 한다. 왜냐하면 하나님은 그와 같이 불완전하고 미성숙한 회개를 받아들이시기 때문이다. 하나님은 그 회개가 마치 완전하고 충분한 회개처럼 받으신다.

반면 형은 대단히 조심스럽고 가족에게 충성된 모습을 보인다. 그는 가족의 일과 재산을 관리하고 돌보는 데 책임감이 있었다. 단지 집에 머무른 것이 아니라 가족의 재산을 돌보기 위해 열심히 일했다. 비유에 따르면, 형은 탕자가 집으로 돌아올 때 밭에서 일하고 있었다. 형은 아버지가 동생이 돌아와서 얼마나 기쁜지를 목격하지 못했다. 집으로 돌아오는 길에 풍악과 춤추는 소리를 듣고 아버지가 동생이 무사히 돌아온 것을 축하하는 파티를 열었다는 것을 알게 되었다. 그는 잃어버렸던 동생으로 인해 기뻐하는 대신 화가 났다. 그래서 그는 집으로 가지 않았다. 눈앞에 펼쳐진 광경이 잘못된 것이라고 판단했다. 형은 지금 필요한 것이 축하가 아니라 질책과 판단 그리고 징벌이어야 한다고 생각했다. 왜냐하면 동생이 자신의 책임을 저버렸고, 고의적으로 죄를 짓는 삶을 살았기 때문이다. 분노와 부당한 처사를 말로 표현하는 대신 그의 행동은 보다 확실하게 이를 말하고 있었다. 그는 아버지를 포함한 모든 이들에게 돌아와서는 안 되는 죄인의 귀환을 축복하는 것이 혐오스러운 일이라고 행동으로 말하고 있었다.

아버지는 큰아들을 달래고자 그에게로 갔다. 아버지가 집으로 가서 이 파티에 함께 참여하자고 간청했을 때, 큰아들은 자신의 마음을 말했고, 아버지를 향한 불만을 털어놓았다. 그는 단순히 동생에게 살진 송아지를 잡아 큰 축제를 연 것에 화난 것이 아니었다. 아버지를 향한 불만은 마치 그가 모은 곡식과 포도가 지난 세월 동안 늘어난 만큼 그의 내면에서 소리 없이 쌓여 오고 있었다. 그는 더 이상 자신의 불만을 숨길 수 없었다. 그가 생각하기에 아버지는 즉각 동생을 되돌려 보냈어야 했다. 집으로 들여보내지 말았어야 할 동생을 위한 큰 축하가 그의 마음을 마침내 건드렸고, 형의 분노는 마치 오랫동안 땅 깊이 누적되고 눌려진 용암이 뿜어져 나오는 화산처럼 폭발했다.

형은 아버지에게 가서 자신이 얼마나 가족들을 위해 일했고 충성했는지를 이야기했다. 심지어 그가 얼마나 아버지가 요구한 모든 것을 수행하는 순종적인 아들이었는지 말했다. 그리고 그는 아버지가 일생에 한 번 있을 법한 축하를 살찐 송아지와 함께 탕자에게 베풀어 주는 것이 얼마나 부당한 처사인지 아버지에게 호소했다. 그는 친구들과의 조그만 파티를 위해 염소 새끼 한 번 받아 본 적이 없음을 불평했다. 그의 주장은 확실히 합리적이었다. 아무도 그가 이 상황의 부당한 처사를 지적하는 것이 잘못되었다고 주장할 수 없었다.

그러나 바로 여기에서 정확하게 그의 한계가 노출되었다. 규율과 규정 그리고 관습에 대한 엄격한 준수로 인해 그는 의무에 속박되어 자신을 노예처럼 일하는 사람으로 훈련할 수 있었고 사소한 부분까지 아버지의 요구에 순종할 수 있었다. 그러나 그는 마치 노예처럼 일하는 존재, 마치 개와 같이 아버지에게 순종하는 존재 이상으로 그 자신을 보지 못했다. 그는 이처럼 스스로를 그렇게 볼 수밖에 없는 엄격한 경계를 갖고 있었다. 그는 아버지와 함께 주도적으로 일하면서 기쁨을 위해 염소나 다른 무엇을 요청하는 것을 생각할 만큼 유연성을 갖고 있지 않았다. 이런 큰아들을 향한 아버지의 답변은 아버지가 자신의 큰아들을 가족 재산의 공동 소유자로 생각하고 있음을 암시한다. 이것은 만약 큰아들이 친구들과 함께 파티를 열 만큼 삶을 즐기기를 원했다면, 그는 충분히 그렇게 했을 수 있다는 것을 말해 준다. 그 대신 큰아들은 주도권이 없고 기쁠 만한 것이 없는 삶을 살았다. 그의 삶은 생명이 없고 귀찮은 의무로만 가득 채워져 있었다.

기쁨은 성령의 열매 중
열등한 것으로 생각된다

재미없는 사람들(Kill-Joys)! 이것이 바로 우리 사회가 기독교인에게 부여한 이름이다. 코미디쇼는 기독교인을 매사에 일을 바르게 끝내고 처리해야 하는 사람으로 묘사하면서 기독교인들을 웃음거리로 만든다. 다나 카비(Dana Carvey)가 토요일 밤 라이브 텔레비전 쇼에서 연기하는 교회 숙녀(Church Lady)가 대표적인 예이다. 기독교인에 대한 이러한 묘사는 일반적으로 비적절한 것이지만, 그럼에도 불구하고 나는 기독교인이 이 풍자의 의미를 되새겨 보는 것도 도움이 되지 않을까 생각한다. 그리고 이러한 자기점검은 삶에 대해 너무 진지하고 심각한 태도를 지니고 있는 비기독교인에게도 도움이 되리라고 생각한다. 물론 삶에 대해 진지한 태도를 갖는 것이 필요하기는 하지만, 어떤 사람들의 경우 너무 많은 것에 대해 진지한 태도를 취하는 것 같다. 예를 들면 모든 사람이 서로 우스꽝스러운 모습을 보이며 즐거워할 때 그 상황에서 누군가가 엄숙한 그 무엇을 촉구한다면 비록 좋은 의도에서 그랬을지라도 분위기는 갑자기 썰렁해지고 말 것이다. 이는 우리 중 몇몇 사람들이 지나칠 정도로 의무에 속박된 사람들이 되었다는 좋지 못한 징조를 보여 주는 것은 아닌가 하는 생각이 든다. 기독교가, 예수님이 그러셨던 것같이, 삶의 다양한 측면에 의미를 부여하고 분명히 하는 데 공헌을 했고 사람들에게 기쁨을 제공한 것도 사실이지만, 기독교는 사람들이 가장 풍성한 기쁨을 경험하지 못하도록 만드는 몇몇 측면을 부주의하게 강조해 온 것도 사실이다.

이러한 경향은 우리가 성령의 열매 중 기쁨을 나머지 다른 열매와 비교하여 열등한 것으로 생각할 때 분명하게 나타난다. 기쁨은 갈라디아서 5장 22절에서 말하는 성령의 열매 즉 사랑, 희락, 화평, 오래 참음, 자비, 양선, 충성, 온유, 절제라는 성령의 9가지 열매 중 하나다. 그런데 왜 다른 열매들은 우리가 맺어야 할 중요한 것이라고 생각하면서 기쁨의 열매에 대해서는 그렇게 생각하지 않는 것일까? 왜 좀 더 사랑하고, 화평을 유지하며, 인내하고, 자비롭고, 선하고, 충성하고, 온유하고, 절제하는 사람이 되는 것에는 관심을 기울이면서 좀 더 기뻐하는 것에 대해서는 그렇지 못할까? 기쁨이 다른 열매에 비해 질이 떨어지는 열매라서 그런 것일까? 아니면, 기쁨이 성령의 열매라고 말하기에는 너무 사치스러운 열매라서 그런 것일까?

사도 바울은 그렇게 생각하지 않았다. 그러나 우리는 기쁨이 나머지 열매와는 다른 종류의 열매라고 여기는 것 같다. 어쩌면 우리는 기쁨을 성령의 열매 중 2등급에 해당한다고 생각하는지도 모르겠다. 아니면, 기쁨이 성령의 열매라고 인정은 하지만 우연히 성령의 열매 목록에 들어간 것처럼 생각하는지도 모른다. 그래서 사랑하고, 화평하고, 인내하고, 자비롭고, 선하고, 신실하고, 너그럽고, 절제하기 위해 애를 쓰며 노력하지만 이와는 대조적으로 우리는 기쁨을 보이지 않는 구석으로 밀쳐 버린다. 때때로 기뻐하는 것을 마치 앞에 놓인 재앙을 부르는 주문인양 취급한다. 그래서 기뻐하려 할 때 우리는 매우 주의하는 모습을 보인다. 삶을 충만하게 하는 기쁨, 이 기쁨이 오히려 우리를 불안한 상황으로 이끄는 장본인인 것처럼 취급된다.

나는 왜 기독교인들이 기쁨을 성령의 불확실한 열매로 여기는지 그리고 왜 사람들이 기쁜 삶을 영위하는 것이 어려운지 다섯 가지 이유를 들어 논의할 것이다. 삶에서 기쁜 것처럼 보이는 이들마저도 기쁨이 없는 혼란 상태를 여전히 경험할지 모른다. 기독교는 우리가 (1) 책임적인 자기, (2) 베푸는 자기 그리고 (3) 영적인 자기가 되는 것을 크게 강조한다. 반면 종종 우리가 (4) 즐거운 자기 그리고 (5) 고통받는 자기가 되는 것을 소홀히 다룬다. 대개 기독교는 예수의 길을 사람들이 따르도록 독려하기 위해 훌륭하고 건설적인 지침을 갖고 있다. 사실상 이것들을 따르는 것은 어떤 의미에서는 사회에 보다 나은 삶을 가져온다. 이러한 노력은 세상이 보다 잘 돌아가도록 만든다. 왜냐하면 기독교인들은 보다 긍정적인 자기가 되고 그것을 다른 사람들과 나눌 수 있게 격려되기 때문이다. 하지만 문제는 이러한 노력에 균형이 맞지 않는 절대적 가치를 부여하는 데 있다. 다시 말해, 책임적인 자기 또는 베푸는 자기는 당신이 항상 책임이 있고 당신이 가진 모든 것을 나눠 줘야 하며, 영적인 자기는 어떠한 고통과 쾌락을 초월해야 하는 가운데 즐거운 순간은 조금도 허락되지 않는다. 그 결과, 보다 선한 그리스도인이 되고 세상을 더 좋은 곳으로 만들기 위한 노력이 인간 경험의 어떤 부분에서는 의도하지 않은 소홀을 가져온다. 특히 이러한 노력은 책임적이고 베푸는 자가 되며 영적인 자기가 됨에 있어 생기는 기쁨과 동시에, 인간 고난의 고통과 불완전 가운데 허용될 수 있는 하나님 나라의 온화한 즐거움을 소홀히 다룬다.

책임적인 자기에 대한 지나친 강조

기쁨을 성령의 성숙한 열매로 여기지 않는 가장 분명한 이유는, 이미 앞에서 언급했듯이, 의무에 얽매인 태도 때문이다. 우리는 의무를 완수하며 살려고 하는 경향이 있다. 아침에 일어날 때 우리는 오늘 하루가 가져다줄 많은 기쁨을 기대하며 눈을 뜨지 않는다. 그 대신 종이에 적어 놓은 것이든 혹은 머릿속에 기억해 놓은 것이든, 우리는 그날에 처리해야 할 목록과 함께 하루를 시작한다. 그것들을 어떤 순서로 처리해야 할지 생각하고 그에 따라 하루의 일과를 결정한다. 이런 식으로 우리는 하루를 처리해야 할 일로 꽉꽉 채우고, 만약 그렇지 않으면 뭔가 잘못된 것 같은 느낌을 갖는다.

이처럼 하루를 처리해야 할 일로 채우기에 그 밖의 다른 일이 일어날 수 있는 여지를 남겨 놓지 않는다. 매일 해야 할 의무로 각본은 정해져 있어서 예기치 못한 일을 하루의 삶에 집어넣을 여유는 없다. 우리는 의무를 이행하며 살고 의무를 완수하다가 죽는다. 해야 할 일을 다 끝냈다는 느낌이 들어야 비로소 편안한 마음으로 잠자리에 든다. 책임적인 자기가 되어 기독교인의 기대를 성취했는가가 그러한 예의 하나가 될 수 있다. 만약 이런 삶에도 기쁨이 하나 있다면 그 기쁨은 아마 이미 처리한 일을 목록에서 하나하나 지우고 난 뒤에 하루를 보람 있게 살았다고 안도하며 느끼는 것이다. 그러고 난 뒤, 우리는 즉시 다음날에 처리해야 할 목록을 작성한다. 무슨 일을 처리해야 할지 떠올리며 하나라도 목록에서 빼먹으면 안 된다고 내일도 시간을 낭비하지 말자고 다짐하면서 말이다. 우리는 책임적인 존재가 된 것에 스스로 자랑스럽게 생각할지 몰라도, 이런 삶에는 의무가 그 중심을 차지하고 있어 기쁨을 우리 경험의 한 부분으로 여기는 것 그 자체가 어리석어 보인다. 어쩌면 '기뻐하는 삶'은 매우 희귀한 것이기 때문에 박물관에 이미 멸종된 다른 종들과 함께 전시된 뒤에야 볼 수 있을지 모르겠다.

베푸는 자기에 대한 지나친 강조

기독교인은 다른 사람들, 특히 도움이 절실히 필요한 사람들을 위해 자신을 내어 주는 것을 최고의 덕목으로 여긴다. 그러나 그것을 실행에 옮기는 데 있어서는 많은 갈등을 느낀다. 예수님은 그것에 대해 직접 말씀하셨고, 또한 많은 사람을 위해 자신의 목숨을 주심으로써 그 사랑을 실천하셨다. 예수께서 요단강을 건너 유대 지방에 계실 때 한 부자 청년이 예수께 와서 무슨 선한 행위를 해야 영생을 얻을 수 있는지를 여쭈었다. 예수께서는 하나님 한 분만이 선한 분이라는 사실을 지적하며 질문에 대답하셨다. "어찌하여 선한 일을 내게 묻느냐 선한 이는 오직 한 분이시니라"(마 19:17). 예수께서는 또한 영생을 얻으려면 살인하지 말고, 간음하지 말고, 도적질하지 말고, 거짓증거하지 말고, 부모를 공경하고, 이웃을 자신의 몸처럼 사랑하라는 계명을 지켜야 한다고 말씀하셨다. 이 대답을 듣고 그 청년은 모든 계명을 다 지켰다고 자랑스럽게 말을 하고는 그에게 아직 부족한 것이 더 있는지를 물었다.

그러자 예수님이 말씀하셨다. "네가 온전하고자 할진대 가서 네 소유를 팔아 가난한 자들에게 주라 그리하면 하늘에서 보화가 네게 있으리라 그리고 와서 나를 따르라"(마 19:21). 청년은 이 말씀을 기쁨으로 받아들인 것이 아니라 실망하고 슬퍼하며 돌아갔다. 왜냐하면 그가 많은 재산을 가진 사람이었고 그 재산을 다른 사람에게 나누어 줄 생각이 없었기 때문이다. 예수의 십자가 대속의 죽음 사건과 더불어 이 이야기는 자신과 자신의 소유를 다른 이들에게 주는 것이 기독교인의 중요한 삶의 원칙임을 강조한다. 우리는 그 부자 청년이 신실한 기독교인이 되기에는 부족했던 사람이라고 판단할 것이다. 그러나 우리 중의 얼마나 많은 사람이 그 청년과 다르다고 말할 수 있을까? 정말 소유를 포기해야 할 때 우리는 그 청년보다 덜 슬퍼할 수 있을까? 동시에 지금도 이 원칙을 계속 의식하는 우리로서 자기를 주고 자기를 나누는 예수님의 삶의 모습에 미치지 못할 것이라는 사실을 깨닫는다면, 우리는 삶의 기쁨을 충분히 누릴 수 없다. 예수님이 그러셨던 것처럼 자기를 주고 나누기 위해 우리가 끊임없이 노력해야 할 필요가 있음에도, 우리는 또한 기억해야 할 것이 있는데, 하나님은 우리가 다른 사람을 위해 베풀고 함께 나눈 조그만 것들도 기뻐하신다는 것이다. 우리의 재산을 다른 사람을 위해 완전히 포기하는 것만이 우리의 기쁨을 위한 유일한 경우는 아니다. 다른 사람을 위해 일부를 나눠 주는 것 또한 우리 자신의 전부를 주는 최종적인 소명을 채워 갈 뿐만 아니라 우리에게 기쁨을 선사하는 또 하나의 완벽한 경우가 된다.

영적 자기에 대한 지나친 강조

기독교는 세속과 거룩의 이원적 사고를 지니고 있다. 우리가 비록 이 세상에 살고 있지만 이 세상에 속하지 않은 것처럼 살려고 노력해야 한다는 것이다. 그 결과 수많은 기독교인은 삶에서 물질 세계와 영적 세계를 분리하는 이분법적인 태도를 갖게 되었다. 하나님의 생명에 잇대어 있는 영적인 삶을 살려고 한다면 물질적인 것은 멀리 해야 한다는 것이다. 그래서 물질적인 것, 특히 사치스럽고 값비싼 물건을 소유함으로 기뻐하는 태도는, 비록 비난받을 정도는 아닐지라도, 마땅히 삼가야 하는 것으로 몇몇 기독교 단체들은 여기고 있다. 삶에서 고상하고 세련된 것을 접할 때마다 많은 기독교인은 그런 것에 마치 무슨 경고 딱지라도 붙어 있는 것처럼, '나는 이것을 즐겨서는 안 돼.' 혹은 '나는 이것을 소유해서는 안 돼.'라고 생각한다. 만약 우리가 사치스러운 물건을 소유하고 있다면 우리 중 대다수는 그것을 소유하게 된 것을 정당화하는 변명을 해야 할 것 같은 부담감을 느낀다.

예를 들어 교회 사람들이 어떤 노부부의 집에서 성경공부를 하게 되었다고 하자. 그 사람들 중 누군가가 그 집에 있던 커다란 고해상도 디지털 TV에 주목하자 노부인은 자신의 자녀들이 얼마나 잘 성장했으며 또 얼마나 자신들을 잘 공경하는지 말하기 시작했다. 그리고 이렇게 말을 이어갔다. "우리는 사실 이렇게 큰 TV가 필요 없었어요. 그런데 아이들이 이런 큰 TV가 필요할 거라고 생각하고는 사 줬지 뭐예요. 정말 필요하지 않았는데 그냥 주문해 버렸더라고요." 거실에 있는 그 큰 TV가 자식들이 보여 준 사랑의 표현이라고 기쁨을 드러내며 참석한 사람에게 그 기쁨을 전하는 대신, 그 노부인은 기독교인으로서 그런 TV를 소유한 것이 합당치 못한 것인양 큰 TV로 인한 부담감을 드러냈다. 안타깝게도 노부인의 이런 태도는 자식들이 보여 준 사랑의 기쁨을 다른 사람들과 나누지 못하게 했다. 이 모든 것은 부분적으로는 물질 속에서 주로 기쁨을 약속하는 소비 문화에 대한 교회의 반응에서 기인한다. 물질을 숭상하는 이러한 사회적 메시지에 대응하여 교회는 하나님의 세상으로서 영적인 세계와 물질적인 세계에서 균형을 잃어버리고 있다. 그리고 무의식적으로 기쁨을 물질적인 문제가 아닌 영적인 문제로 국한시킨다. 물론 영적인 문제가 물질적인 문제보다 우선권을 지니지만, 그렇다고 물질적인 문제를 완전히 무시할 수 없다. 우리는 물질 가운데 있는 적당한 기쁨을 발견하는 것이 자신을 영적인 자기로 변형하고 예수의 제자로 우리 자신을 개선하고자 하는 노력과 상호 배타적인 것이 아님을 기억해야 한다.

쾌락(Pleasure)의 자기에 대한 과소평가

쾌락(pleasure)의 자기를 부인하는 우리의 경향 때문에 기쁨과 쾌락의 관계에 대한 혼란이 존재한다. 기독교는 쾌락을 악한 것으로 본다. 따라서 우리는 쾌락을 피해야 하고, 정죄해야 하며, 멀리해야 하는 것으로 여긴다. 불행하게도 기쁨은 때로 쾌락의 삶과 혼동되는데 이를테면 맛있는 음식을 먹는 것, 좋아하는 작가의 책을 읽는 것, 아름다운 자연을 즐기는 것, 동료들이 매우 부러워하는 승진을 하는 것, 사랑하는 사람과 함께 시간을 보내는 것 등이다. 비록 쾌락이 건강하고 유익하기는 하지만, 그것은 오직 우리 자신에게만 유익할 뿐이다. 이런 식으로 기쁨도 오직 우리 자신에게만 유익한 쾌락의 포괄적인 표현으로 여겨진다. 그러나 우리는 이런 식의 이해를 성령의 다른 열매에는 적용하지 않는다. 즉 사랑, 화평, 오래 참음, 자비, 양선, 충성, 온유, 절제는 나뿐만 아니라 다른 사람에게도 유익한 것으로 생각한다. 기독교인됨의 핵심이 다른 사람을 사랑하는 것에 있기 때문에 우리가 기독교인으로서 자신에게만 유익한 무엇인가를 주장하기는 어려운 것이다. 게다가 비록 기독교인들이 아주 조그맣고 하찮은 선물에 의미와 기쁨을 부여함에도, 쾌락 추구에 깊이 배어 있는 제멋대로 사는 삶의 방식을 피하기 위한 기독교인들의 노력은 기쁨을 바람직하지 못한 쾌락으로 거부하거나 기쁨 자체를 완전히 부인하는 결과를 가져온다.

예를 들어 어떤 여학생이 중학교를 졸업할 때, 할머니께 아이패드를 선물로 받았다. 그 학생은 인생의 한 과정을 잘 마무리했다는 기쁨을 느꼈다. 게다가 그런 성취의 상징으로 선물을 받았기 때문에 그 기쁨이 배가 됐다. 만약 이런 상황에서 이 학생의 부모가 기쁨의 유익은 완전히 무시한 채 쾌락적인 측면만을 고려했다면, 그 학생은 이 기쁨을 충분히 느낄 수 없었을 것이다. 이 학생에게 있어 아이패드를 선물로 받는다는 것은 최첨단 제품을 소유하는 쾌락의 경험 이상이다. 말하자면, 아이패드는 이 여학생의 성취뿐만 아니라 그녀의 성취에 대한 가족의 기쁨을 상징한다. 만약 그 부모가 자녀가 쾌락에 맛들일 가능성을 겁내지 않고 같이 기뻐하며 축하해 주었다면, 그 학생이 느끼는 기쁨은 이루 말할 수 없었을 것이다. 쾌락과 기쁨의 관계에 대한 혼동은 가족에게 허락된 명백한 기쁨의 기회를 빼앗아 갈 수 있다. 반면 그 둘 사이의 명확한 구분은 그녀의 졸업을 모든 가족이 같이 기념하며 기뻐하도록 하는 계기가 되었을 것이다. 게다가 어떤 사람의 기쁨은 다른 사람에게 쉽게 퍼져 나가고 유익을 끼치면서 그 가능성과 강도가 커진다. 인생에서 발견되는 쾌락을 완전히 부인하는 대신 어떻게 기쁨을 누리면서 동시에 쾌락에 굴복하지 않을 수 있는지를 배우는 것은 매우 중요하다. 기쁨과 쾌락 사이의 관계에 대한 분명한 구분에 대해서는 제3장에서 보다 더 자세하게 논의할 것이다.

고난받는 자기에 대한 과소평가

기독교인들은 하나님께서 그들의 삶에 허락하신 좋은 것들로 기쁨을 잘 누리지 못하는 반면, 고통의 때에 기뻐할 것을 종종 강조한다. 삶의 어려움을 겪을 때마다 기독교인들이 반복적으로 보이는 반응은, 상황이 어렵고 심지어 해결의 실마리가 전혀 보이지 않는다 할지라도, 기독교인인 우리는 어떤 식으로든 기뻐하는 길을 찾아야 한다는 것이다. 어려움을 겪는 사람에게 보이는 이런 일반적인 반응은 예수님이 말씀하신 산상수훈에 근거한다. "나로 말미암아 너희를 욕하고 박해하고 거짓으로 너희를 거슬러 모든 악한 말을 할 때에는 너희에게 복이 있나니 기뻐하고 즐거워하라 하늘에서 너희의 상이 큼이라 너희 전에 있던 선지자들도 이같이 박해하였느니라"(마 5:11-12).

예수님이 비록 핍박 중에도 기뻐하라고 말씀하셨지만 과연 우리가 예수님의 이 말씀을 정확하게 이해하고 적용하고 있는 것일까? 특별히 어려운 사람을 도우려는 데 충분히 관심을 갖고 있지 않을 때, 우리는 그와 같은 구절이 주는 편리함에 주목하게 될지도 모른다. 다른 사람의 어려움을 완화시키기 위해 아직은 헌신할 마음이 없거나 또는 그들에게 필요한 변화를 가져다 주기 위해 노력할 마음이 부족할 때, 우리는 종종 그것을 보완하기 위한 쉬운 방편을 찾는다. 그것은 다름 아닌 역경 가운데 있는 이들이 어려움을 극복하고 기쁨을 맛보도록 힘써 돕기보다는 이 구절을 다른 사람의 역경에 대해 아무 것도 할 수 없다는 편리한 변명으로 종종 사용하는 것이다. 우리는 어려움과 역경 가운데 있는 이들에게 기뻐하라고 쉽게 말할 수 있다. 이는 좋게 말하면 우리가 그들이 겪는 어려움에 대해 어떤 식으로든 도움을 줄 수 없기 때문이고, 나쁘게 말하면 불행한 일을 겪는 그들에게 우리가 무관심하기 때문이다. 어떤 것이든 우리는 그들의 고통의 진정성과 그것에 뒤따르는 아픔 그리고 나아가 절망을 부인한다. 이런 태도로 인해 우리는 다른 사람을 도울 때 찾아오는 기쁨을 잃어버리고, 그들의 삶에 기쁨을 불어넣을 기회를 놓쳐 버린다. 나아가 이런 태도는 삶에서 진정한 기쁨을 맛볼 가능성을 축소시키고, 비관적이며 체념적인 삶의 모습을 보이게 한다.

비록 우리가 다른 사람들을 신실한 마음으로 돕는다고 할지라도, 어려움 가운데 있는 그들에게 기뻐하라고 충고하는 우리의 말은 예수께서 그 당시에 하셨던 말씀처럼 격려하고 위로하는 효과를 발휘하지는 못할 것이다. 예를 들어, 만약 우리가 3개월의 시간을 남겨 둔 암 환자에게 죽음의 고통에도 불구하고 기뻐하라고 말한다면, 그것은 그에게 모욕처럼 들릴지 모른다. 아마 그들에게는 우리의 충고가 매우 고통스러운 사투를 부인하고 주변에 있는 사람들을 위해 행복한 표정을 지으라는 요구처럼 들릴 것이다. 사실 어떤 이들은 좋은 그리스도인이 되기 위한 기대를 만족시키고자 그들의 고통 경험을 부인하려고 시도하거나 체념하며 받아들인다. 하지만 이것은 오히려 심적 고통을 가중시킨다. 왜냐하면 그들은 자신이 경험하는 고통과 아픔의 무게를 이해받지 못했다고 느끼기 때문이다. 그들이 자신들의 상황을 극복하고 기쁨을 누리는 것이 현재로서는 힘들기 때문에 우리의 말은 위로보다는 그들에게 부담감과 자괴감만 더해 주는 꼴이 된다. 비록 핍박 중에도 기뻐하라는 요구가 하나의 격려로 예수 자신에게서 비롯된 것이라고 해도, 고통받고 있는 이들에게 이 구절을 사용하는 것은 역경 속에서 느끼는 쓸쓸함과 그런 상황에서 기뻐할 수 없는 어려움의 현실을 완전히 무시하는 결과를 낳는다. 이것은 기독교인들이 기쁨을 다른 성령의 열매에 비해 열등한 것으로 여기는 또 하나의 이유다.

우리의 삶에 기쁨이 부재하고 기쁨을 성령의 열등한 열매로 인식하는 문제를 다루기 위해 기쁨의 영성을 발전시켰다. 그리고 그 기쁨이 하나님과 우리 관계의 최상의 표현이라고 주장하는 바이다. 하나님은 궁극적인 기쁨발견자이시다. 나아가 앞에서 성령의 합당한 열매로 기쁨을 누리지 못하는 우리의 실패에 대한 합당한 이유를 제시했다. 그러나 성향으로서의 기쁨을 계발하지 못하고 우리가 삶에서 기뻐하지 못하는 우리의 무능력에는 보다 근본적인 이유가 있다는 것을 알아야 한다. 이 책의 제2장에서는 예수님과 기쁨의 관계를 알아보기 위해 복음서를 살펴볼 것이다. 그리고 다음과 같이 주장할 것이다. (1) 예수는 이 땅에서의 삶을 큰 기쁨과 함께 시작하셨다. (2) 예수는 이 땅에서의 삶을 큰 기쁨으로 마치셨다. (3) 예수는 사람들에게 기쁨을 가져다주셨다. (4) 예수는 자신과 하나님의 기쁨을 묘사하셨다. (5) 예수는 선하고 신실한 사람이란 하나님께 기쁨을 드리는 사람이라고 말씀하셨다. (6) 예수는 의무보다 기쁨을 선택하셨다. (7) 예수는 기쁨을 우리와 하나님과의 관계에서 궁극적인 표현으로 묘사하셨다.

다음으로는 기쁨의 다양한 측면을 살펴볼 것인데, 그것은 다음과 같다. (1) 기쁨은 다양한 방식으로 표현된다. (2) 기쁨은 물질적인 것에서도 그리고 영적인 것에서도 경험된다. (3) 성향으로서의 기쁨은 기쁨과 쾌락을 누리는 것을 모두 촉진시킨다. (4) 기쁨은 개인적인 경험인 동시에 공동체적인 경험이기도 하다. (5) 기쁨은 반응인 동시에 동기부여이다(예측된 기쁨). (6) 기쁨은 일방적일 수도(부당한 기쁨) 그리고 상호적인 것일 수도 있다(공정한 정의). (7) 기쁨은 일시적이기도 하고 지속적이기도 하다. (8) 기쁨은 사람마다 다르게 경험된다. 제4장에서는 우리가 성향으로서의 기쁨을 향상시키는 방법에 대해 하인즈 코헛(Heinz Kohut)의 자기 심리학 이론에 근거하여 설명할 것이다. 그것은 아래의 논의를 포함한다. (1) 기쁨으로 가는 길은 자기 확신과 생명력을 지닌 기쁨발견자들을 성장시킨다. (2) 기쁨으로 가는 길은 우리의 능력과 힘 너머에 있다. (3) 기쁨으로 가는 길은 기쁨 발견자라는 동반자를 요구한다. (4) 기쁨으로 가는 길은 우리 자신의 경험을 인식하도록 우리를 돕는다. (5) 기쁨으로 가는 길은 우리 안에 건강한 자존감을 촉진한다. (6) 기쁨으로 가는 길은 다른 사람의 자부심에 함께 참여하는 것이다.

마지막으로 제5장에서 기쁨의 영성을 발전시킬 것인데, 그것은 성향으로서의 기쁨 발달에 대한 심리학적인 이해를 반영하는 것으로 예수와 기쁨 사이의 관계에 대한 성경적인 조사에 바탕을 둔다. 그리고 하나님이 기쁨을 창조하시고 지니시며 수여하시고 받으시는 분이자 완전한 기쁨을 제공하는 궁극적 기쁨 발견자임을 주장할 것이다. 또한 기쁨의 영성이 지닌 다음의 특징에 대해 논의할 것이다. (1) 회개는 기쁨의 영성의 첫 번째 단계이다. (2) 회개는 기쁨의 영성 속에 만족(contentment)을 가져온다. (3) 회개는 기쁨의 영성 속에 청명함(clarity)을 가져다준다. (4) 겸손은 기쁨의 영성의 기본 바탕이다. (5) 겸손은 기쁨의 영성 속에 지속성(consistency)을 부여한다. (6) 겸손은 기쁨의 영성 속에 감사(gratitude)를 가져다준다. (7) 기쁨의 영성은 우리가 다른 사람을 위한 기쁨발견자가 되도록 우리를 부른다. 하나님의 사람인 우리는 모두 서로를 위해 기쁨발견자들로 부름받는다. 그리하여 예수 그리스도를 통해 하나님에 의해 창조된 기쁨은 성령의 사역을 위해 땅끝까지 확장될 것이다.

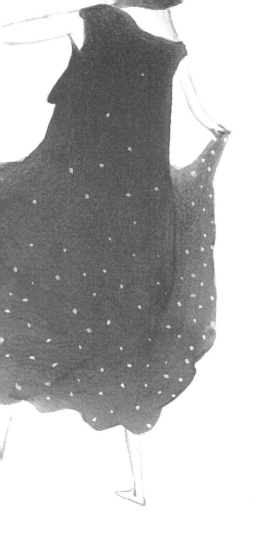

2 장

예수와 기쁨:
하나님과의 관계에서 궁극적인 표현

우리가 익숙하게 접해 온 예수님이 등장하는 그림들이 있다. 예를 들면 어깨 위에 양을 메고 가는 예수님, 겟세마네 동산에서 기도하는 예수님, 아이들에게 둘러싸여 있는 예수님, 물 위를 걷는 예수님, 폭풍을 잔잔케 하는 예수님, 산상에서 말씀을 전하시는 예수님 등이었다. 이 모든 그림에는 한 가지 공통점이 있는데, 그것은 예수의 행동이나 얼굴에 전혀 감정이 표현되지 않았다는 점이다. 예수를 엄숙하고 정서가 메마른 분으로 묘사한 것이다. 이는 아놀드 슈왈제네거(Arnold Schwarzenegger)가 주연인 영화 속 인물인 감정 없는 인간 모양의 로봇 터미네이터와 다르지 않다. 지금까지 보아온 많은 그림 중에 예수의 얼굴에 나타난 유일한 감정 표현은 십자가에 매달리실 때의 고통 혹은 성전을 정결케 하기 위한 분노였다. 십자가에 매달리신 예수의 몇몇 묘사에서도 예수의 얼굴에는 아무런 표정이 없다. 그렇기에 예수는 고통이나 분노 외에는 아무런 감정이 없는 사람으로 묘사되거나 인간의 모든 감정을 초월하신 분으로 표현된다.

　예수를 감정 없는 사람으로 묘사하는 많은 그림과는 달리 내가 신학교 학생이었을 때, 특별한 예수의 그림과 마주하게 되었다. 나는 청년들을 위한 전임 사역 때문에 이사를 계획하고 있는 친구의 집을 방문한 적이 있었다. 친구 부부와 시간을 보내고 있을 때, 벽에 걸린 그림 중 하나가 내 시야에 들어왔다. 그것은 예수의 그림이었다. 그림 속 예수는 웃고 있었고 얼굴에는 기쁨이 넘쳤다. 나는 처음에는 내 눈을 의심하지 않을 수 없었다. 그래서 눈을 비비고 그 그림을 다시 한 번 보았다. 정말 내 가슴을 시원케 하는 그림이었다. 상당한 예술적 재능을 지닌 누군가가 공생애 기간 동안 예수가 엄숙하고 질책하며 고통과 괴로움을 견디는 삶을 살았을 뿐 아니라 기쁨으로 미소 짓고 웃기도 했을 것이라 생각했다는 사실에 정말 기뻤다. 그리고 예수의 기쁨을 묘사한 그 그림은 그 기쁨에 함께할 수 있도록 나를 초대했다. 예수의 얼굴에 묘사된 그 기쁨은 내 영혼을 희망으로 부풀게 했다. 내 마음과 영혼은 나를 기쁨으로 초대하는 예수의 기쁨으로 인해 한껏 고조되었다.

　감정적인 표현이 없는 예수의 전형적 이미지는 단지 시각예술에만 제한되어 있었던 것은 아니다. 예수와 관련된 글이나 혹은 매주 강단에서 선포되는 설교에서도, 예수를 정서 혹은 감정이 부족한 분으로 묘사하는 것을 얼마든지 발견할 수 있다. 다시 말하거니와 예수는 인간의 감정과는 거리가 먼 분으로 묘사되거나 혹은 만약 감정을 보인다고 할지라도 십자가 위에서 "엘리 엘리 라마 사박다니" 혹은 "나의 하나님, 나의 하나님 어찌하여 나를 버리셨나이까?"(마 27:46)라고 크게 외치며 고통스러워하는 분으로만 묘사되고 있다. 내 기억으로는, 예수께서 어떻게 인간의 모든 감정을 경험하셨는지를 언급하는 설교를 들어본 적이 없다. 설사 십자가 위에서 고통스러워하는 것 말고 예수께서 경험하셨던 다른 정서와 감정을 언급하였다 할지라도, 그것은 단지 지나가는 말로 살짝 말하는 정도였다. 기독교 공동체에서의 이런 상황은 예수에 대해 무엇을 말해 주고 있는 것일까? 기독교인인 우리에게 이것은 무엇을 의미하는 것일까? 빌리 그레이엄이 관찰했던 것처럼, "기쁨이라는 단어는 우리 기독교 사전에서 빠져 버렸다." 아마도 우리의 삶에서 기쁨을 되찾는 길은 예수의 삶 속에 있는 기쁨을 재발견하는 것에서 시작해야 할 것 같다. 이러한 목적을 위해 복음서에 등장하는 예수에게 기쁨이 무엇을 뜻하는지 알아보는 것이 필요하다.

예수님과 기쁨의 관계에서 주목할 만한 측면이 있는데, 그것은 다음과 같다.

(1) 예수는 이 땅에서의 삶을 큰 기쁨과 함께 시작하셨다.
(2) 예수는 이 땅에서의 삶을 큰 기쁨으로 마치셨다.
(3) 예수는 사람들에게 기쁨을 가져다주었다.
(4) 예수는 자신과 하나님의 기쁨을 묘사하셨다.
(5) 예수는 선하고 신실한 사람이란 하나님께 기쁨을 드리는 사람이라고 말씀하셨다.

(6) 예수는 의무보다 기쁨을 선택하셨다.

(7) 예수는 기쁨을 우리와 하나님과의 관계에서 궁극적인 표현
    으로 묘사하셨다.

예수는 이 땅에서의 삶을
큰 기쁨과 함께 시작하셨다

이 땅에서 예수는 사람들에게 큰 기쁨을 주는 것으로 삶을 시작
하셨다. 마리아가 임신 중에 유대의 한 동네에 사는 친족 엘리
사벳을 방문했을 때 그녀는 기뻐하며 큰 소리로 마리아를 맞이
했다. "여자 중에 네가 복이 있으며 네 태중의 아이도 복이 있도
다"(눅 1:42). 엘리사벳만 기뻐한 것이 아니라 엘리사벳의 배 속
에 있던 세례 요한도 기뻐 뛰어놀았다. 이에 마리아는 그 유명
한 마리아의 찬가, 즉 큰 기쁨의 궁극적인 표현으로 화답했다
(눅 1:46-55).

    내 영혼이 주를 찬양하며
    내 마음이 하나님 내 구주를 기뻐하였음은
    그의 여종의 비천함을 돌보셨음이라.
    보라 이제 후로는 만세에
    나를 복이 있다 일컬으리로다.
    능하신 이가

큰 일을 내게 행하셨으니

그 이름이 거룩하시며

긍휼하심이 두려워하는 자에게

대대로 이르는도다.

그의 팔로 힘을 보이사

마음의 생각이 교만한 자들을 흩으셨고

권세 있는 자를 그 위에서 내리치셨으며

비천한 자를 높이셨고

주리는 자를 좋은 것으로 배불리셨으며

부자는 빈 손으로 보내셨도다.

그 종 이스라엘을 도우사

긍휼히 여기시고 기억하시되

우리 조상에게 말씀하신 것과 같이

아브라함과 그 자손에게

영원히 하시리로다.

흥미로운 것은 마리아의 찬가가 교회음악에는 잘 등장하지
만, 예수의 탄생을 기대하는 마리아의 기쁨으로는 잘 전해지지
않는다는 사실이다. 이 찬가는 이 땅에 기쁨이 임하는 것을 표
현한다. 또 그 기쁨의 폭과 강도는 그것이 이 세상에 널리 퍼져
모든 사람이 그것을 함께 나누며 "메시아가 오신다! 메시아가
오신다! 임마누엘 하나님이 오신다! 우리와 함께하시는 하나님
이 오신다!"라고 외칠 정도다. 마리아가 경험한 큰 기쁨은 앞으

로 올 그 무엇, 즉 세상을 지배하는 파괴적인 악의 세력을 극복하는 기쁨을 예견하고 있었다.

예수의 탄생 직후, 두 그룹의 사람들에게 예수 탄생의 소식이 전해졌다. 먼저는 동방 박사들이었는데, 이들은 큰 별이 나타난 것을 보고 그것을 유대인의 왕이 탄생하는 것으로 이해했다. 이들은 유대인의 왕이 될 아기를 찾아 나섰고, 그 별이 예수와 그의 모친 마리아와 함께 있는 곳에 머물자 매우 크게 기뻐하였다 (마 2:10). 아기 예수를 본 그들의 기쁨은 세 가지 선물, 즉 황금과 유향과 몰약을 아기 예수께 드리는 것으로 드러났다. 그리고 고귀한 선물을 드리는 것 가운데 이들의 감사가 있었다. 그들은 선물에 대한 어떤 보답도 기대하지 않고 순전히 기쁨으로 드렸다. 더욱이 예수를 직접 본 그들의 기쁨은 예수를 어디서 발견했는지 보고하지 않은 것에 대해 헤롯이 보복할 것이라는 두려움을 물리칠 수 있는 힘이 되었다. 예수가 어디서 태어났는지 보고하라는 헤롯의 명령을 거부하고 다른 길을 통해 자기 나라로 돌아감으로써 그들은 신변의 위험을 기꺼이 감수했다. 그들의 이런 행동은 아마도 예수를 만난 데서 오는, 흔히 맛볼 수 없는 크나큰 기쁨을 계속 누리고 싶은 마음과 인류에게 큰 기쁨을 가져다줄 아기 예수를 보호해 다른 사람들도 그 기쁨을 맛보게 하고자 하는 마음에서 비롯되었을 것이다.

예수의 탄생 소식을 접한 또 다른 그룹은 들에서 양을 치던 목자들이었다. 이들은 동방 박사들처럼 유식한 사람들은 아니었다. 경제적 수준에 있어서도 동방 박사들이 상위 계층에 속한 것에 비해 이들은 가장 낮은 계층 사람들이었다. 그리고 고급 교육을 받은 선택된 계층의 사람이 아니라 양 치는 평범한 노동자들이었다. 이 노동자들에게 주의 사자가 주의 영광을 두루 비추며 나타났다. 이들이 두려워하고 있을 때, 주의 사자가 인간 역사상 그리고 온 세계를 통틀어 가장 좋은 소식을 전해 주었다. 그저 자신들의 삶 속에서 양과 들판 외에 다른 것은 기대할 수 없었던 이 목자들이 천사들로부터 궁극적이고 영광스러운 소식을 듣게 된 것이다. 천사가 이들에게 "내가 온 백성에게 미칠 큰 기쁨의 좋은 소식을 너희에게 전하노라 오늘 다윗의 동네에 너희를 위하여 구주가 나셨으니 곧 그리스도 주시니라."(눅 2:10-11)라고 말하고는 강보에 쌓여 구유에 누인 아기를 어떻게 찾을 수 있는지 전해 주었다. 더욱이 이런 소식을 전하는 장면은 웅장한 장면으로 막을 내리는데, 허다한 천군과 천사가 예수의 탄생을 축하하며 하늘을 뒤덮는 기쁨의 소리를 발하고 있었다. "지극히 높은 곳에서는 하나님께 영광이요, 땅에서는 하나님이 기뻐하신 사람들 중에 평화로다"(눅 2:14). 이 얼마나 놀라운 기쁨의 외침인가! 큰 기쁨 중에 예수의 탄생을 기대하고 있었고 사람들에게는 그 탄생의 소식이 가장 세고 웅장한 크레센도(cresendo)로 전해졌다.

하지만 주목해야 할 것은, 낮은 자로 태어났을 뿐만 아니라 목숨까지 위협받는 아기 예수의 이야기가 이 모든 기쁨의 표출 즉 조용하지만 깊이 있는 마리아의 기쁨, 감사로 가득한 동방박사들의 기쁨 그리고 화산이 폭발하는 것 같은 허다한 천군과 천사들의 기쁨 표출에 어두운 그림자를 드리우고 있다는 점이다. 예수의 탄생 이야기는 유대인 왕의 탄생을 두려워하는 헤롯 때문에 어떻게 아기 예수가 목숨의 위협을 받았는지, 또 베들레헴에서 태어난 두 살 이하의 사내아이들이 헤롯에 의해 살해당하는 동안 어떻게 예수가 그 위험에서 벗어났는지를 부각시킨다. 게다가 예수의 탄생 이야기는 요셉이 가이사 아구스도의 호적 명령에 따라 고향인 베들레헴으로 여행하는 중에 예수가 마구간에서 태어나 말구유에 뉘였다고 함으로써 예수의 낮은 자로서의 출생을 강조한다. 이 두 부분을 예수 탄생의 기쁨보다 강조함으로써 예수 탄생으로 말미암은 큰 기쁨을 감소시켰다.

이는 지상에 곧 분출될 기쁨보다 예수 탄생 이야기의 도덕적 교훈을 강조한 결과이다. 심지어 성탄절에 선물을 주는 전통 속에 담긴 기쁨마저 사라져 가고 있다. 성탄절은 예수 탄생을 축하하는 것에서 시작되었기 때문에 선물을 주는 전통을 통해 예수 탄생을 감사하고 축하해야 한다. 그러나 창조주되신 하나님이나 구세주되신 예수 혹은 우리의 삶을 보다 의미 있게 만들어준 사람들에게 감사하는 의미는 성탄절에 선물을 주는 전통에서 사라져 가고 있다. 큰 기쁨이라는 측면에서나 세상에 기쁨을 널리 확산한다는 면에서도 성탄절이 별다른 의미를 주지 못하고 있는 것이다. 그리고 교회는 예수께서 얼마나 낮은 자로 태어나셨는지 그리고 헤롯 왕의 손아귀에서 어떻게 가까스로 죽음을 모면하셨는지를 지나치게 강조함으로써, 우리 모두에게 임한 기쁨을 도외시하도록 했다. 기뻐할 줄 모르는 우리의 무능력과 진지해지려는 우리의 집착은 놀랍도록 다양한 기쁨으로 채색된 예수 탄생의 사건을 잘못 물들이고 말았다. "기쁘다 구주 오셨네"라는 찬송에 담긴 고양되고 널리 퍼진 기쁨을 지금까지 잊고 지냈는데, 이제 그 울려 퍼지는 기쁨을 다시 회복해야 한다.

예수는 이 땅에서의 삶을 큰 기쁨으로 마치셨다

예수는 사람들이 보는 중에 큰 기쁨으로 승천하셨다. 예수께서 예상한 대로, 제자들은 예수의 십자가 죽음 때문에 울며 슬퍼했지만 결국 그들의 고통은 기쁨으로 바뀌었다(요 16:20). 예수의 부활과 승천에 관한 복음서를 주의 깊게 살펴보면, 우리는 기쁨이 적극적으로 펼쳐지는 것을 발견할 수 있다. 놀라운 일을 접하게 될 것이라는 사실을 모른 채, 막달라 마리아와 예수의 어머니 마리아는 부활절 아침 무덤으로 향했다. 그들은 큰 지진을 경험했을 뿐만 아니라 빛나는 주의 천사가 무덤 입구의 돌을 움직인 것도 자신들의 눈으로 직접 보았다. 심지어는 무덤을 지키던 경비병들이 공포로 송장처럼 얼어붙어 있는, 우스꽝스럽기도 하고 불쌍하기도 한 모습도 보았다. 경비병들이 예수의 시체가 사라지자 당황하고 또 한편으로는 징계를 당할까 봐 두려워하는 모습을 상상해 보라. 얼마나 통쾌한가!

주의 천사는 두 여인에게 예수의 부활을 전하며 다른 제자들에게도 그 소식을 알리라고 했다. 그래서 두 여인은 자신들이 들은 바를 전혀 의심하지 않고 예수의 부활을 전하러 "무서움과 큰 기쁨"으로 즉시 그 자리를 떠났다(마 28:8). 아마 이들은 예수의 부활로 인해 로마 당국 그리고 바리새인과 사두개인의 핍박이 있을 것이라는 생각에 무서웠을 것이다. 그럼에도 예수의 다시 사심과 그를 따르는 모든 자에게 약속하신 희망찬 미래가 성취되었음을 보고 "큰 기쁨"을 누렸다.

막달라 마리아와 예수의 모친 마리아는 천사의 행동을 직접 보는 영광을 누린 뒤, 부활의 소식을 즉시 믿었다. 다른 제자들에게 소식을 전하려 달음질하는 이들 앞에 예수가 나타났을 때, 이들은 또 다시 그가 예수임을 즉시 믿었고 그의 발 앞에 엎드려 경배했다. 이들이 가능한 빨리 달음박질하면서도 기쁨으로 얼마나 껑충껑충 뛰었을지를 한번 상상해 보라. 다른 제자들에게 예수의 부활을 전해줄 때 느낄 기쁨과 또 그 소식을 듣고 제자들이 얻게 될 기쁨을 생각하면 제자들이 머물고 있는 곳이 가까워질수록 이들 가슴 속에 담긴 기쁨은 점점 더 증폭되었을 것이다. 마침내 그곳에 도착했을 때, 이들은 자신들이 보았던 것과 들었던 것을 제자들에게 전해 주었다.

그러나 다른 제자들의 반응은 두 여인이 보였던 반응과는 전혀 달랐다. 그럼으로써 두 여인이 품고 있던 큰 기쁨에 대한 기대는 당황, 좌절, 무력감으로 바뀌었다. 왜냐하면 예수 부활의 기쁨을 다른 이들과 나눌 수 없었기 때문이다. 제자들이 무덤에서 무슨 일이 일어났는지 실제로 목격하지는 못했지만, 그들은 여자들의 증언을 들었다. 보다 중요한 것은 이들 제자들과 함께 계셨을 때, 예수는 실제로 당신 자신이 십자가에서 돌아가실 것과 3일 만에 다시 살아나실 것을 여러 번 말씀하셨다(마 16:21; 눅 9:22; 마 17:22-23; 막 9:30-32; 눅 9:43-45; 마 20:17-19; 막 10:32-34; 눅 18:31-34). 그럼에도 그런 놀라운 일이 이 여인들의 눈앞에 펼쳐지리라고는 제자들 중 어느 누구도 상상하지 못했다. 이런 이유로 제자들은 이 두 여인의 이야기를 믿지 못하고 단지 허탄한 말(눅 24:11)로 생각했다. 비록 베드로가 직접 행동을 취해 예수의 무덤으로 가 빈 것을 보고 놀라기는 했지만 예수의 부활을 믿는 데까지는 나아가지 못했다.

그러자 이 제자들에게 두 번째 기회가 주어졌다. 엠마오로 가는 길에 예수를 만나고 식사를 함께한 두 제자가 찾아와 똑같은 예수 부활의 소식을 전해 주었다. 그러나 여전히 그들은 예수의 부활을 믿을 수 없었다. 그리고 세 번째 기회가 주어졌다. 두 제자가 말을 전하는 중에 예수께서 나타나셔서 그들에게 말씀하셨다. "너희에게 평강이 있을지어다"(눅 24:36). 예수께서 자신의 모습을 직접 보이셨지만 그들의 생각은 아직 바뀌지 않았다. 예수께서 부활하셔서 막달라 마리아와 예수의 어머니 마리아에게 나타나시고 엠마오로 가는 두 제자에게도 나타나신 것뿐 아니라 심지어 지금 자기 중에 실재로 함께하고 계신 것까지도 그들은 믿을 수 없었다. 그 반대로 그들은 두려움과 의심이 가득해 예수께서 부활하셔서 실재로 그들 중에 계신다기보다는 유령이 나타난 것이라고 생각했다.

네 번째 기회가 주어졌다. 이번에는 예수께서 애타는 마음으로 말씀하셨다. "봐라, 나다. 예수…. 살과 피가 있는…. 그래도 나를 모르겠니?" 예수는 자신의 손과 발을 보이시면서 당신 자신을 만져보고 당신이 유령이 아니라 실재 몸을 가진 산 존재임을 확인해 보라고 말씀하셨다. 이제 그들은 마음을 조금 움직여 완전히 불신하던 상태에서 돌아서 조심스럽게 믿는 상태가 되었다. 그러나 아직 그들의 감정은 모호했다. 예수의 부활이 기뻤지만 여전히 의심스럽고 기이했던 것이다(눅 24:41). 이런 만남 끝에 그들은 결국 예수 부활의 실재를 받아들이고 주를 보고 기뻐했다(요 20:20). 그리고 베다니에서 예수와 작별인사를 나누었을 때, 그들은 마침내 예수가 그들과 세상에 대해 어떤 분이신지 그 의미를 충분히 깨달았다. 예수께서 모든 민족을 제자 삼으라는 지상명령을 주신 뒤에, 하늘로 승천하시면서 그들을 축복하셨고 제자들은 "그에게 경배하고 큰 기쁨으로 예루살렘에 돌아가 늘 성전에서 하나님을 찬송"했다(눅 24:52-53).

기독교인은 특별히 부활절을 기념하고 축하하는 가운데 예수의 부활에 대한 기쁨을 표현한다. 그에 비해 사순절 기간에는 TV 시청 또는 컴퓨터 사용을 줄이거나 고기를 먹지 않는다거나 아니면 하루에 적어도 한 끼를 금식하는 등 자기 자신과 삶의 일정 부분을 포기하는 훈련을 한다. 사순절의 절정은 성금요일(Good Friday)이라고 볼 수 있는데, 이 날은 예수께서 돌아가신 것을 엄숙한 마음으로 기억하는 날이면서도 또 한편으로는 그 엄숙함에서 벗어나는 날이기도 하다. 어쨌든, 부활절은 기독교인에게 1년 중 정점이 되는 날이다. 흥미롭게도 기독교인들은 부활절을 삶의 최고의 정점이요, 새 삶과 새 시대의 날로 생각하는 것에 비해 실제로는 희생과 죽음의 날인 성금요일을 자신들 삶의 정점에 놓고 있다.

왜 우리는 성금요일에서 더 이상 부활절을 향해 나아가지 못하는 것일까? 부활절이 되면 충분한 기쁨을 누리는 대신 사순절 동안 우리가 포기했던 것을 다시 해도 된다는 안도감을 느끼거나 뭔가 포기하지 못했거나 충분히 포기하지 못했던 것에 대한 부담감을 더 이상 느끼지 않아도 된다고 생각한다. 우리의 모습이 막달라 마리아와 예수의 어머니 마리아보다는 제자들과 더 닮아 있지는 않은지 의심스럽다. 마치 체포당하는 예수를 버리고 도망쳤던 그 시점에 고착되어 있던 제자들과 같지 않은가? 예수가 체포당하고 예수의 제자임을 부인하던 그때에서 벗어나지 못하고 있는 제자들과 다르다고 말할 수 있는가? 예수가 죽음으로 제자들이 억누를 수 없는 패배감과 목숨의 위협을 느꼈던 것처럼 우리도 그러고 있지 않은가?

제자들은 두려움 가운데 행했고, 예수를 저버렸다는 데서 오는 죄책감과 스스로에게 느끼는 부당함으로 자유롭지 못했다. 예수께서 다신 사신 것을 즉시 받아들이기에는 그 옭아맴이 너무 단단했던 것 같다. 예수께서 잡히시던 현장에서 비겁하게 도망침으로써 그들은 믿음이 부족한 모습을 보였는데, 예수께서 무덤에 머물러 있는 한 아마도 그들의 믿음 없는 모습은 지속되었을 것이고, 그들 자신의 삶에 대한 두려움이 그들을 계속 지배했을 것이다. 마치 우리가 예수의 제자들처럼 예수의 부활 속에 담긴 큰 기쁨의 소식과 우리 모두를 위한 새로운 삶의 가능성을 받아들이지 못한다면, 이것은 아마 예수께서 죄와 사망을 이기시고 궁극적인 승리를 쟁취하셨다는 것을 잘 믿지 못하기 때문일 것이다. 제자들이 몇 번에 걸친 기회를 놓친 뒤에야 그랬던 것처럼, 우리도 어쩌면 그런 식으로 나중에 가서야 예수의 부활과 승천을 기뻐하게 될지 모르겠다.

예수는 사람들에게
기쁨을 가져다주었다

예수의 생애는 간단히 말해 사람들에게 기쁨을 주는 삶이었다. 예수께서 하나님 나라의 일원으로서 자신을 어떻게 다듬어 가야 할지에 대해 많은 말씀을 하셨지만, 사람들에게 기쁨을 주는 일도 많이 행하셨다. 새 삶을 약속하시고 부활로 그 약속을 지키심으로써 기쁨을 주셨다. 이스라엘 백성을 위해 희망이 담긴 기쁨을 주셨는데, 그들이 보고 경험하는 것이 하나님 나라의 전부가 아님을 보이시며 하나님 나라의 실재는 예수 그리스도를 통해 그들에게 펼쳐질 것임을 나타내셨다. 예수는 자신의 죽음과 부활을 통해 우리 죄를 용서해 주심으로 모든 사람에게 궁극적인 기쁨을 가져다주었다. 예를 들어 그는 죄 많은 여인(마 6:6-

13; 막 14:3-9; 눅 7:36-50; 요 12:1-8), 중풍병자(마 9:1-8; 막 2:1-12; 눅 5:17-26) 그리고 삭개오(눅 19:1-10)의 죄를 용서해 주셨다. 또한 예수께서는 인간의 가장 기본적인 필요를 채워 주심으로써 사람들에게 기쁨을 주셨다. 예를 들어, 그는 4천 명(마 15:32-39; 막 8:1-10)과 5천 명(마 14:13-21; 막 6:30-44; 눅 9:10-17; 요 6:1-13)의 배고픈 무리에게 각각 음식을 제공하셨다.

또한 예수께서는 죽은 자를 살리시고 아픈 자를 고치시는 행위를 통해 사람들에게 기쁨을 주셨다. 예수께서 다양한 종류의 질병을 고치심으로 많은 사람을 치유하셨는데 눈먼 자를 보게 하시고, 벙어리를 고치시며, 중풍병자를 일어나 걷게 하시고, 혈루병자의 피 흘림을 멎게 하시며, 간질병자와 문둥병자를 온전케 하시고, 손 마른 자와 절름발이를 회복시켜 주는 등의 일을 하셨다. 또한 더러운 귀신과 마귀를 쫓아내시고 죽은 자를 소생시키셨다. 예수께서 이 모든 일을 하신 것을 보았을 때, 사람들은 놀라 기뻐했다. 그들은 "이스라엘의 하나님께 영광을" 돌렸고(마 15:31), 경외함으로 하나님께 영광을 돌렸다(마 9:8). 그들의 몸과 마음과 영혼을 회생시키심으로 예수께서 그들에게 기쁨을 주신 것이다.

예수께서는 기쁨을 주는 것이 종교적 계율을 지키는 것보다 우선이라는 사실을 보여 주셨다. 예수께서 안식일에 회당에서 가르치시는 중에 18년 동안 등이 굽어 조금도 펴지 못하는 한 여인을 보고 그녀를 고치셨다. 이 여인은 고침을 받자 곧게 서서 하나님께 영광을 돌리며(눅 13:13) 기뻐했다. 물론 유대의 종교지도자들은 이 행위가 안식일을 지키라는 계명을 어긴 것이라 말하며 예수를 비난했다. 그러자 예수는 안식일에도 소나 말을 마구에서 풀어 물을 먹인다고 말씀하시며 18년 동안 굽은 모습으로 지낸 여인을 안식일에 치유한 것이 어찌 합당치 않으냐고 반문하셨다. 예수는 자신을 비난하던 자들을 부끄럽게 하셨고, 온 무리는 그가 하시는 모든 영광스러운 일로 기뻐했다(눅 13:17).

　예수께서는 모든 사람이 그가 베푸시는 기쁨을 받을 자격이 있다는 사실을 보이셨다. 그분은 자신의 치유 사역을 유대인에게만 제한시키지 않으셨다. 오히려 유대인들이 인간 이하로 취급하는 이방인들에게까지 그 사역을 확장하셨다. 예를 들어보자. 예수께서는 이방인인 수로보니게 여인의 딸에게 들어가 있는 귀신을 쫓아내셨다. 처음에는 그 여인의 절박한 요구를 무시하셨다. 그러자 그 여인은 예수께 가까이 다가와 절하며 다시 간청했다. 예수께서는 이방인을 개에 비유하는 가혹한 말씀으로 두 번째 간청을 거절하셨다. 그러나 그 여인은 "주여, 옳소이다."라는 대답으로 그녀와 다른 이방인들이 개와 같다고 하는 예수의 말씀에 동의하면서도 한편으로는, 그렇지만 "개들도 제 주인의 상에서 떨어지는 부스러기를 먹나이다."(마 15:27)라고 하면서 이방인들도 예수의 치유를 받을 자격이 있음을 언급했다. 그녀의 재치 있는 대답과 인내는 예수의 마음을 움직였는데 예수께서는 결국, "여자여, 네 믿음이 크도다. 네 소원대로 되리라."(마 15:28)고 그녀의 믿음을 칭찬하셨고, 그녀의 딸은 그 즉시 나음을 입었다.

예수는 모든 사람이 당신 자신의 기쁨을 받을 자격이 있음을 보이셨다. 그들 중에는 공동체로부터 소외된 사람들도 있었다. 예수는 그 소외된 사람도 일반 사람과 동일하게 중요한 사람으로 여겨 주심으로써 그들에게도 기쁨을 주었다. 예수는 유대사회가 죄인으로 여겼던 창녀나 세리와 같은 자들도 영접하셨다. 또한 유대사회가 멀리하지 않던 사람들을 제자로 삼기도 했지만, 죄 짓는 삶으로 인해 유대사회에서 멸시받던 사람들도 제자로 받아들이셨다. 예를 들어 자신들의 주머니를 채우기 위해 세금을 부풀려 사취하고 로마인을 위해 일했기 때문에 유대인들에게 배신자로 낙인찍혔던 세리들, 바로 그들과도 그리스도는 함께 식사했던 것이다. 첫 번째 복음서를 썼던 마태는 세관원이었는데, 예수께서 당신의 제자로 부르심으로써 그의 삶을 변화시켜 주셨다.

예수는 다른 세리도 영접하셨다. 세리장이었던 삭개오의 집을 방문하시고 그 집에 머무셨다. 이로 인해 삭개오는 변화되어 자신의 소유를 가난한 자들에게 나누어 주고 다른 사람에게서 부당하게 착취한 것이 있으면 네 배로 갚아 주겠다고 약속했다. 그는 기쁨과 즐거움으로 이를 감당했고, 예수를 "즐거워하며 영접"했다(눅 19:6). 게다가 예수는 죄인이라고만 알려진 어떤 여인이 예수 자신을 만지고 입맞춤으로 발에 향유를 붓도록 허락하셨다. 어떻게 죄인인 여인이 자기를 만지도록 놔두는지 놀란 바리새인 시몬에게, 예수는 다음과 같이 지적함으로 그 여인을 바리새인인 시몬보다 높여 주셨다. "내가 네 집에 들어올 때 너는 내게 발 씻을 물도 주지 아니하였으되 이 여자는 눈물로 내 발을 적시고 그 머리털로 닦았으며 너는 내게 입맞추지 아니하였으되 그는 내가 들어올 때로부터 내 발에 입맞추기를 그치지 아니하였으며 너는 내 머리에 감람유도 붓지 아니하였으되 그는 향유를 내 발에 부었느니라"(눅 7:44-46). 더욱이 예수께서 그 여인의 죄를 사하여 주심으로 그 여인은 오랫동안 기다렸던 죄로부터 자유를 누리는 기쁨을 얻었다.

예수는 제자들에게 능력과 비전을 주심으로 기쁨을 가져다 주셨다. 또한 혼자의 힘만으로는 더러운 영들과 귀신들을 내쫓거나 아프고 불구된 자들을 치유하는 일을 감당할 수 없음을 아시고, 제자 칠십 인을 뽑아서 짝을 지어 파송하셨다. 그리고 이들에게 임무를 부여하셨는데 그것은 사람들을 최대한으로 섬기는 것이었다. 평범한 일상의 일들을 감당하라는 임무를 부여하신 것이 아니라 각종 질병과 불구로 고난당하며 귀신과 더러운 영에 사로잡힌 자들의 삶을 온전하고 건강하게 돌려 놓으라는 책임을 주신 것이다. 그리고 그들에게 값진 임무뿐만 아니라 그 임무를 감당할 수 있는 능력도 주셨다. 그들은 병자를 치유하고 죽은 자를 살리며 문둥병자를 깨끗케 하고 귀신들을 쫓아내는 능력을 갖게 되었다(마 10:1; 막 6:7; 3:13-15; 눅 9:1-2). 누구도 모방하거나 훔칠 수 없는 예수의 능력이 주어졌던 것이다.

이러한 능력은 사람들이 소유하기에는 아주 특별한 것이었다. 이들의 임무는 결국 예수가 하셨던 것처럼 병자를 고치고 귀신과 더러운 영을 쫓아내며 죽은 자를 살리는 일을 통해 사람들의 삶에 기쁨을 가져다주는 것이었다. 이들의 삶은 기쁨으로 채워졌는데, 이는 단지 자신들만을 위한 것이 아니라 다른 이들의 삶에도 기쁨을 전해 주기 위한 것이었다. 이들이 사역을 끝냈을 때 칠십 인이 기뻐하며 돌아왔고(눅 10:17), 심지어 귀신들조차 복종했다는 사실에 황홀해했다. 그러자 예수께서는 한 걸음 나아가 더 큰 기쁨을 말씀하셨다. "그러나 귀신들이 너희에게 항복하는 것으로 기뻐하지 말고 너희 이름이 하늘에 기록된 것으로 기뻐하라"(눅 10:20).

예수께서 예루살렘에 들어가셨을 때 기쁨이 절정에 달했는데, 오늘날로 말하면 이날은 종려주일이다. 말씀과 치유사역을 통한 예수의 동행은 예수의 왕되심과 당신의 백성을 향한 하나님의 뜻을 기리는 이 떠들썩한 축하행사에서 정점을 이루었다. 메시아가 그들과 함께하고 있다는 희망과 그들 앞에 놓인 새 삶 그리고 하나님 나라에 대한 희망을 주심으로 예수는 이스라엘 백성에게 큰 기쁨을 가져다주셨다. 여기서 예루살렘으로 들어가는 예수의 낮아지심과 하늘을 찌를 듯이 고조된 사람들의 마음과 기쁨이 평행선을 그리며 대조되고 있다. 예수께서는 나귀를 타고 가신 반면 온 무리들은 그가 가시는 길에 자신들의 겉옷을 깔았다. 나아가 예수께서 감람산 내리막길에 가까이 오셨을 때 제자의 온 무리가 "기뻐하며 큰 소리로 하나님을 찬양"했다(눅 19:37). 그들은 있는 힘을 다해 외쳤다. "찬송하리로다 주의 이름으로 오시는 왕이여 하늘에는 평화요 가장 높은 곳에는 영광이로다"(눅 19:38). 이 커다란 아카펠라(accapella)는 목자들에게 예수의 탄생을 알렸던 허다한 천군천사들의 앙코르(encore)였다. 그들은 그렇게 하지 않고는 그 기쁨을 견딜 수 없었다. 심지어 세상마저 진동시킬 수 있을 것처럼 보이는 것이 바로 기쁨의 소리다.

예수는 자신과 하나님의
기쁨을 묘사하셨다

예수께서는 많은 사람에게 기쁨을 주셨지만, 이들 중의 많은 사람도 예수께 기쁨을 드렸다. 하나님의 뜻을 알고 하나님과의 관계에 헌신하는 사람을 발견했을 때 하나님과 예수 모두 얼마나 황홀한 기쁨을 느꼈는지에 대해 말씀하셨다. 예수의 기쁨은 칠십 인이 파송현장에서 돌아온 후에 예수께서 드렸던 기도에서 분명히 나타난다. 예수는 성령으로 기뻐하시며(눅 10:21), 사두개인이나 바리새인 그리고 종교적 지도자들과 같이 사회적으로 상류층에 속한 자들보다는 가난하고 교육받지 못한 자들에게 예수 자신을 통해 하나님께서 당신의 계획을 드러내셨음을 감사드렸다. 그럼으로써 예수는 영적으로 황홀한 상태를 경험하셨다.

자신들을 치유하실 수 있는 예수의 능력을 믿고 있는 이들에게 향하신 예수의 말씀에는 예수께서 그들에게서, 특히 가장 기대하지 않았던 사람들에게서 믿음을 발견하는 순간 얼마나 기뻐하셨는지가 또한 분명히 드러난다. 그러나 "너의 믿음이 너를 구원하였느니라."라는 예수의 말씀을 우리는 영적인 측면으로만 이해하면서 그들이 표현한 믿음의 말을 듣고 예수께서 느끼셨던 놀라운 기쁨을 놓치곤 한다. 물론 그들의 절박한 상황이 장애물을 뛰어넘는 대담성을 발휘하게 했지만, 그들이 예수께 그들 자신이나 혹은 사랑하는 사람들을 고쳐달라고 요청할 수 있을 정도로 예수에 대한 믿음을 지니고 있었던 것도 사실이다. 더욱이 혈루증을 앓는 여인이나 또는 예수께서 기쁨에 넘쳐 "내가 너희에게 이르노니 이스라엘 중에서도 이만한 믿음은 만나보지 못하였노라."(눅 7:9)라고 말씀하실 정도로 예수의 마음을 흔들어 놓았던 백부장 같은 사람들도 있었다.

또한 예수께서는 잃었던 자들이 회개하는 것이 하나님께 얼마나 큰 기쁨인지를 말씀하셨다. 예를 들면 하나님은 길을 잃지 않은 아흔 아홉 마리의 양을 기뻐하시기보다는 한 마리 잃어버린 양을 찾은 것을 더 기뻐하시는 목자와 같다고 예수님께서는 제자들에게 말씀하셨다(마 18:13). 잃은 자를 찾은 하나님의 기쁨은 목자가 잃은 양을 찾은 뒤 "나와 함께 즐기자 나의 잃은 양을 찾아내었노라."(눅 15:6)라고 말하며 기뻐서 벗과 이웃들을 불러 잔치하는 목자의 모습을 통해 표현된다. 예수께서는 계속해서 "죄인 한 사람이 회개하면 하늘에서는 회개할 것 없는 의인 아흔아홉으로 말미암아 기뻐하는 것보다 더하리라."(눅 15:7)라고 말씀하셨다. 그리고 잃어버린 동전의 비유를 통해 죄인 하나가 회개하는 것이 하늘에서는 얼마나 큰 기쁨인지를 강조하셨다(눅

15:8-10).

잃은 자에 대한 하나님의 기쁨은 탕자의 비유를 통해 잘 나타난다(눅 15:11-32). 여기에서 둘째 아들은 어떤 부모도 감당하기 힘든 망나니 아들이었다. 아버지의 소유를 물려받으려고 아버지가 유산을 넘겨주려는 생각을 하기도 전에 자신의 몫을 달라고 요구했다. 아버지는 기꺼이 자신의 재산 중 일부분을 아들에게 주었다. 둘째 아들은 넘겨받은 재산으로 집을 떠나 먼 곳으로 갔지만, 결국 그는 모든 재산을 잃어 버리고 돼지 치는 일을 했다. 그는 이제 아버지에게 아들로서의 지위를 인정받을 수 없다고 생각했다. 그러나 아들이 집에 도착하기도 전에, 아버지는 그를 보고 달려가 그를 안아 주고 입맞춤을 해 주었다. 아들은 아버지에게 하나님과 아버지에게 큰 죄를 지었기 때문에 더 이상 아들로 대우받을 자격이 없다고 말했다.

그러나 아버지는 종들에게 가장 좋은 옷을 가져와 그 방탕했던 아들에게 입히라고 말했다. 또한 손에 가락지를 끼우고 발에 신을 신기라고 했다. 그를 다시 아들로 받아들인다고 말하는 대신 그가 마치 집을 떠난 적 없었다는 듯 그가 입고 끼고 신었던 것을 다시 허락함으로써 아들의 위치를 회복시켜 주었다. 그 어떤 일꾼도 그런 옷은 입을 수 없었고, 그 어떤 종도 그가 신은 그런 신발을 신을 수 없었다. 또 그 어떤 품꾼도 권위의 상징인 가락지를 낄 수 없었다. 아버지는 이제 잃었던 아들이 다시 돌아온 것을 축하하려고 살진 송아지를 잡고 잔치를 열라고 종들에게 명령했다. 집에 같이 머물면서 집안을 성실하게 꾸려 왔던 첫째 아들이 이런 사실에 화가 났을 때, 아버지는 "이 네 동생은 죽었다가 살아났으며 내가 잃었다가 얻었기로 우리가 즐거워하고 기뻐하는 것이 마땅하다."(눅 15:32)라고 말씀하시며 잃었던 아들을 다시 찾은 것이 얼마나 기쁜 일인지를 첫째 아들에게 말했다.

예수는 선하고 신실한 사람이란
하나님께 기쁨을 드리는 사람이라고 말씀하셨다

달란트의 비유는 선하고 신실한 사람이 어떻게 하나님께 기쁨을 가져다주는지 말해 준다. 우선 이 비유에는 하나님께서 일을 맡긴 사람들이 보이는 두 가지 반응이 나타나 있다. 한 가지는 하나님을 신뢰하기보다는 하나님을 두려워함으로 행하는 것이다. 이런 반응을 보이는 사람들은 자신이 실수할까 봐 두려워한다. 왜냐하면 그들에게 맡겨진 중요한 일을 망치면 그 결과가 매우 나쁘게 나타날 것으로 여기기 때문이다. 이들이 하나님을 두려워하는 것은 일을 맡기시는 하나님의 마음을 읽기보다는 그 일을 과연 잘할 수 있을까에 대한 그들 자신의 생각에 사로잡혀 있기 때문이다. 자신의 능력과 또 주변 세상을 살펴보면, 우리는 실패할 수밖에 없는 수많은 이유를 어렵지 않게 댈 수 있다. 왜냐하면 우리는 필요로 하는 능력을 다 갖추지 못하고 있을 뿐 아니라 주변 세상 또한 그렇게 호락호락하지 않고 비교적 악한 모습도 있기 때문이다. 우리의 무능력과 주변 악에서 비롯되는 두려움에 쉽게 굴복할 수밖에 없다.

또 다른 반응은 자신이 무능력해 보이고 세상이 악하게 보여도 하나님을 신뢰함으로 행하는 것이다. 자신이 받은 것으로 가서 이득을 남기려고 시도하는 것은 하나님을 신뢰하기 때문에 하는 행동이다. 그 일을 성실하게 행할 때 자연스럽게 긍정적인 결과를 얻을 것이라고 생각하기에 이런 식의 반응을 할 수 있다. 달리 말하자면, 이런 반응은 내 능력을 믿기보다는 하나님이 선한 재판관임을 믿는 믿음에 근거한 것이다. 만약 그가 그 일을 잘 처리할 수 있고 바람직한 결과를 산출할 수 있을 거라고 하나님께서 알고 계시지 않았다면 하나님은 그 일을 맡기시지 않았을 것이다. 또는 그 사람은 결국 주어진 일에 실패하게 될지 모르지만 그 실패는 성장과 성숙에 있어 꼭 필요하다.

하나님은 자신의 관점이 아닌 하나님의 관점에서 맡겨진 일을 바라볼 수 있을 만큼 하나님을 충분히 신뢰하고 하나님의 사업을 확장할 수 있는 사람들을 기뻐하신다. 다시 말하면, 전혀 움직이지 않거나 억지로 잘못된 걸음을 내딛는 것이 아니라 하나님의 인도하심을 따라 열성적으로 다음 걸음을 내딛고 하나님과 함께 춤을 추는 사람을 하나님께서는 기뻐하시는 것이다. 이들 "선하고 신실한"(good and trustworthy) 사람들은 더 많은 일을 맡게 될 뿐만 아니라, 이 비유에서 주인이 그들에게 "잘하였도다 착하고 충성된 종아 네가 적은 일에 충성하였으매 내가 많은 것을 네게 맡기리니 네 주인의 즐거움에 참여할지어다."(마

25:21, 23)라고 말하고 있는 것처럼, 하나님의 기쁨에 참여하게 된다.

예수는 의무보다
기쁨을 선택하셨다

요한의 제자들이 와서 바리새인과 자기들은 금식하는데 어찌하여 예수의 제자들은 금식하지 않는지를 물었을 때, 예수께서는 기뻐하는 것이 종교적 율례를 지키는 것보다 우선되어야 할 때가 있음을 말씀하셨다. 예수는 "혼인집 손님들이 신랑과 함께 있을 동안에 슬퍼할 수 있느냐 그러나 신랑을 빼앗길 날이 이르리니 그때에는 금식할 것이니라".(마 9:15)라고 하셨다. 예수께 금식은 중요한 종교적 율례 중의 하나였다. 하지만 그 당시 예수가 그들과 함께하고 있음에 즐거워하시고 또 제자들이 앞으로의 지도력을 준비하기 위해 할 수 있는 한 모든 것을 보고 배워야 했기 때문에 금식은 부적절한 것이었다. 예수께서 십자가에서 죽임당하실 때와 같이 제자들이 금식할 때가 오겠지만, 지금 그들은 예수와의 관계를 누려야 하고 다가올 그들의 지도력을 준비하기 위해 할 수 있는 모든 것을 눈여겨 보아야 했다. 예수에게 있어 종교적 의무의 준수는 제자들이 예수와의 관계를 누려야 하는 것이 더 적절한 시간과 상황일 때 잠시 뒤로 미뤄져야 한다.

예수께서 문둥이 시몬의 집에 머무는 동안 어떤 여인이 예수께 나아와 값비싼 향유를 예수의 머리에 부었다. 이에 제자들은 깜짝 놀라 비싼 향유를 낭비한다고 그 여인을 나무랐다. 그들은 향유를 팔아 그 돈으로 가난한 자들을 돌보는 것, 즉 의무의 실천을 우선시했다. 제자들은 이것이 예수의 입장이라고 생각했지만 이 순간 예수는 그동안 가난한 자들을 돌봐야 한다고 거듭 강조해 왔음에도, "너희가 어찌하여 이 여자를 괴롭게 하느냐 그가 내게 좋은 일을 하였느니라 가난한 자들은 항상 너희와 함께 있거니와 나는 항상 함께 있지 아니하리라."(마 26:10-11)라고 말씀하심으로 그 여인의 행동을 칭찬하셨다.

비록 예수께서 이 여인의 기름부음을 예수 자신의 장사를 예비한 것으로 말씀하셨지만, 종교적인 장사 의식이라는 영적 의미 이상의 또 다른 의미를 찾아볼 수 있다. 예수께서 그들과 함께하는 시간이 곧 끝날 것이기 때문에 가난한 자를 돕는 윤리적 의무보다 지금 그들과 함께하는 예수 자신을 더 우선시하라는 말씀으로 이해하는 것이다. 예수 자신과 함께하는 이 짧은 순간을 기뻐하는 것이 가난한 자를 돕는 윤리적 의무보다 더 중요하다고 말씀하신 것이다. 왜냐하면 가난한 사람들을 돕기 전에 이 일의 기초라 할 수 있는 예수와의 관계를 발전시키는 것이 더욱 중요하기 때문이다. 게다가 가난이라는 문제가 매우 복잡하고 오랜 시간이 소요되는 것임을 깨우치도록 돕는다는 현실적인 측면에서 보면, 제자들이 예수와 함께 얼마 남지 않은 짧은 시간을 보내는 것이 보다 실제적이라고 할 수 있다. 예수는 그들이 가난한 자를 도울 기회는 많이 있지만, 자신과 함께 있으면서 기쁨을 누릴 시간은 얼마 남지 않았음을 지적하셨다. 어쩌면 이 예수의 말씀이 가난한 사람에게 베풀었다면 유용했을 것을 이용해 사람들의 주목과 칭찬을 받으려 하는 매우 자기도취적인 사람의 말로 들릴 수 있다. 만약 우리가 윤리적인 책임이나 마땅히 해야 할 의무의 관점에서 이 세상을 본다면, 당연히 이런 식으로 생각할 수 있다. 당연히 더 좋은 곳에 쓸 수 있는 값비싼 향유를 그런 식으로 사용하는 것은 낭비요, 비윤리적인 것으로 보일 것이다.

여기서 예수는 이 땅의 고통과 아픔은 그것을 직접 제거하려 한다고 해서 없어지는 것이 아님을 말씀하셨다. 그보다는 가난을 비롯해 이 땅에 존재하는 악을 보다 더 광범위하고 영구적으로 극복하는 길은 예수 자신이심을 지적하셨다. 그래서 예수는 가난한 자를 돌보는 것을 포함해 그 어떤 것보다 우선시된다. 예수와 그의 현존 속에 있는 기쁨을 발견하는 것은 가난한 자를 가난으로부터 자유롭게 하는 것을 비롯해 지상의 악을 이기는 궁극적인 길이다. 그래서 예수께서 말씀하시는 것은 책임과 의무가 세상의 많은 부분을 감당하고 가난과 같은 문제를 다루는 데 어느 정도 효력이 있지만, 세상은 훨씬 더 복잡하고 난해해서 책임과 의무만으로 사는 것은 불완전하고 그다지 효과적이지 않다는 것이다. 우리의 문제를 극복하고 궁극적인 승리를 쟁취하시는 분은 예수이기 때문에, 우리가 도움이 필요한 자들을 외면하지 않으면서도 예수 안에서 기쁨을 발견하고 그런 삶을 사는 것은 매우 중요하다.

책임과 의무의 관점에서 세상을 바라보는 우리의 시각을 기쁨의 관점으로 전환시켜 주는 아주 좋은 예가 있다. 그것은 바로 마리아와 마르다의 이야기이다. 이 상황은 이전 것과 정반대이다. 문둥병자 시몬의 집에서 예수는 비싼 향유를 자신의 머리에 부어 그를 영접했던 여인을 칭찬하셨다. 그러나 예수는 마리아와 마르다의 집에서 그를 환대하기 위해 최선의 노력을 다한 마르다를 질책하셨다. 예수께서는 마르다의 초청으로 그들의 집에 가셨다. 마리아는 예수의 발 앞에 앉아 예수께서 하시는 말씀을 열심히 들었다. 마리아는 예수의 말씀을 즐거워하고 예수께서 집에 계심을 기뻐했다. 반면 마르다는 많은 일들 혹은 해야 할 의무로 분주했다. 비록 예수를 초대한 사람이 마르다였지만, 그 초대의 유익을 누린 사람은 마리아였다. 마르다는 예수와 다른 사람들의 식사를 준비하느라 바빴다. 그리고 마리아가 좋은 동생으로서 자기를 돕는 대신 단지 예수 가까이서 말씀을 들으며 즐거워하고 있는 것에 마음이 상했다.

마리아에게 도와달라고 직접 말하는 대신 마르다는 자기가 홀로 분주히 일하고 있는데도 별 관심을 기울이지 않고 가까이서 말씀을 듣도록 마리아를 내버려 둔 예수께 호소했다. 마르다는 "주여 내 동생이 나 혼자 일하게 두는 것을 생각하지 아니하시나이까 그를 명하사 나를 도와주라 하소서."(눅 10:40)라고 말했다. 물론 마르다는 자신은 의무를 다하고 있기 때문에 옳은 일을 하고 있다고 생각했고, 또한 예수께서 마리아를 책망하여 마르다 자신을 돕도록 바로 내보낼 것이라 예상했다. 그러나 놀랍게도 예수는 오히려 "마르다야 마르다야 네가 많은 일로 염려하고 근심하나 몇 가지만 하든지 혹은 한 가지만이라도 족하니라 마리아는 이 좋은 편을 택하였으니 빼앗기지 아니하리라."(눅 10:41-42)라고 말씀하시면서 마르다를 책망하셨다. 이 본문은 전통적인 측면에서 해석하는 대신 기쁨의 시각을 통해 접근하면 보다 더 유익하다.

전통적으로 이 본문은 행동보다 묵상이 우선해야 한다는 것을 보여 준다. 특별히 중세 시대 동안은 그러했다. 그러나 보다 최근에는 이 본문이 예수 제자로서의 여성과 전통적 역할로서의 여성을 구분 짓는 데 사용된다. 이러한 해석은 묵상과 행동 그리고 예수 제자로서의 여성과 전통적 역할의 여성이라는 구분을 강조한다. 또한 이것은 서로 상반되는 두 부류의 개념을 설정한다. 그것이 가정하는 것은 묵상과 행동이 상호 배타적이며, 하나 또는 다른 하나가 더 선호된다는 것이다. 더욱이 여성에게는 예수의 제자가 되는 것이 전통적인 역할의 여성에 대한 거부를 의미한다는 것을 내포한다. 이렇게 함으로써 이러한 해석은 묵상적 행동에 있는 묵상과 행동의 조화의 가능성을 차단하며, 예수의 제자로 상황에 반응하기 위해 한 여성이 전통적 역할을 수행할 수 있다는 중복의 가능성을 제거한다. 다른 상황은 우리에게 다른 반응을 요구할 수 있다.

나는 이 본문을 인위적으로 두 부류로 구분하는 대신 기쁨을 해석의 범주로 사용하려고 한다. 이 본문은 예수의 현존과 관계 속에서 기쁨을 얻는 것이 필요한 모든 집안일을 돌보는 것보다, 비록 그 일이 예수 자신을 위한 일일지라도, 훨씬 더 중요하며 먼저 할 일임을 다시 한 번 일깨워 준다. 예수의 답변에서 마르다는 많은 일로 염려하고 근심하는 사람으로 묘사된다. 예수는 마르다가 걱정이 많아 기쁨의 감각을 잃어버린 것을 지적하신다. 예수는 마르다가 최상의 환대를 제공하기 위해 온 신경을 기울이는 동안 의무에 속박되어 있는 모습을 보았다. 예수는 현재 상황에서 요구되는 것이 가능한 최상의 환대를 제공하는 데 있지 않고, 유일한 한 가지 곧 그녀에게서 빼앗아 갈 수 없는 예수 자신을 선택하는 것이라고 말씀하신다. 예수는 자신과 기쁨으로 교제하는 즐거움이 영원히 지속되는 기쁨임을 마르다에게 상기시켜 주었다. 그러므로 예수와 함께 즐기며 그의 현존 가운데 기쁨을 발견하는 것은, 말씀을 묵상하거나 그를 위해 행동하는 것 모두를 포함할 뿐만 아니라 제자로서의 여성과 전통적 혹은 그렇지 않은 역할을 하는 여성들을 모두 포함한다.

예수는 기쁨을 우리와 하나님과의 관계에서 궁극적인 표현으로 묘사하셨다

산상설교에 나타난 예수의 말씀 중 하나를 다시 살펴보자. 예수께서 마태복음 5장 12절에서 "기뻐하고 즐거워하라 하늘에서 너희의 상이 큼이라 너희 전에 있던 선지자들도 이같이 박해

하였느니라."라고 말씀하셨다. 일반적으로 이 구절이 복의 말씀
(Beatitudes)의 한 부분이지만, 우리는 대체로 이 구절을 복의 말
씀의 하나로 여기지 않고 복의 말씀에서 분리시켜 특별히 고난
중에 있는 자들을 위로하는 구절로 사용한다. 그리고 이 말씀을
위로를 주는 구절로 여기는 반면, 또 한편으로는 무기력한 느낌
을 피하고 다른 사람의 고통과 아픔에 우리 자신을 희생하는 것
을 피하려는 일종의 손쉬운 도구로 쓰곤 한다. 우리는 이 구절
을 피상적으로 사용하지 않도록 명확하게 알 필요가 있다. 이
복의 말씀을 다시 한 번 살펴보자.

> 심령이 가난한 자는 복이 있나니 천국이 그들의 것임이요 애통
> 하는 자는 복이 있나니 그들이 위로를 받을 것임이요 온유한 자
> 는 복이 있나니 그들이 땅을 기업으로 받을 것임이요 의에 주리
> 고 목마른 자는 복이 있나니 그들이 배부를 것임이요 긍휼히 여
> 기는 자는 복이 있나니 그들이 긍휼히 여김을 받을 것임이요 마
> 음이 청결한 자는 복이 있나니 그들이 하나님을 볼 것임이요 화
> 평하게 하는 자는 복이 있나니 그들이 하나님의 아들이라 일컬
> 음을 받을 것임이요 의를 위하여 박해를 받는 자는 복이 있나니
> 천국이 그들의 것임이라 나로 말미암아 너희를 욕하고 박해하
> 고 거짓으로 너희를 거슬러 모든 악한 말을 할 때에는 너희에게
> 복이 있나니 기뻐하고 즐거워하라 하늘에서 너희의 상이 큼이라
> 너희 전에 선지자들도 이같이 박해하였느니라. 마 5:3-12

복에 관한 말씀을 다루는 마태복음 저술이나 주석서가 출판되었지만 대부분 그것들은 12절을 강조하지 않는다. 팔복에 관해 저술한 많은 저자들은 단지 팔복만을 다루며 12절은 10절에 등장한 여덟째 복의 한 부분이라고 생각한다. 소수의 저자들만이 10절에서 12절 사이를 분리해 아홉째 복이 존재한다고 주장한다. 그들은 10절을 여덟째 복으로, 11절과 12절을 아홉째 복으로 생각한다. 팔복이든 구복이든 여기서 중요한 것은 예수께서 우리에게 기뻐하라고 말씀하신 12절이 복음서 주석이나 복의 말씀에 대한 저작들에서 충분히 다루어지지 않고 간단히 언급만 되고 있다는 사실이다. 예수께서 우리에게 기뻐하라고 촉구하셨던 사실은 다루어지지 않은 채 12절은 완전히 무시되거나 고작해야 "기뻐하라."라는 부분을 "기독교인으로 우리는 기뻐해야 한다."라는 피상적인 말로 간단하게 해석하고 넘어가는 것이다. 그 구절을 편리한 용도로 써먹는 것을 비롯해 학자들조차도 마태복음 주석이나 복의 말씀에 관한 저술에서 그 구절에 별로 관심을 기울이지 않는다는 것은 우리가 그 구절을 얼마나 광범위하고 피상적으로 읽어 왔는지를 여실히 보여 준다. 그러면 왜 그 구절을 하찮게 취급하거나 혹은 아무 뜻도 모른 채 말을 반복하는 앵무새처럼 사용하는 데 그쳤는가?

우리는 고난 가운데 기뻐하지 못할 뿐 아니라 고난 중에 있는 다른 이들을 돌보지 못하기에 스스로 생각하는 것만큼 헌신된 기독교인의 삶을 살지 못한다. 그러나 내 생각에는 우리가 그 구절을 피상적으로 알고 생명력 없는 말로 이용하는 것에 대해 너무 자책할 필요는 없다고 본다. 그 대신 이 구절에 충실할 수 있도록 다른 각도에서 바라볼 필요가 있다. 그럴 때 이 구절은 살아 있는 말씀이 될 것이다. 복의 말씀에서 이 말씀이 차지하는 위치를 완전히 무시하거나, 혹은 전체의 팔복에서 분리해 이 말씀을 이해하는 대신 이 12절과 다른 복의 말씀과의 관계를 재검토하는 것이 도움이 될 것이다. 그렇게 함으로써 우리는 예수와 기쁨을 보다 더 잘 이해할 수 있다. 이 구절을 전통적으로 10절에 가둬 둘 것이 아니라 12절 말씀과 그 중요성을 다른 복의 말씀과 관련시켜 상고하면 더욱 도움이 될 것이다.

우선 3절에서 10절까지의 구절이 3인칭을 사용하고 있고, "…한 자는 복이 있나니"의 문학적 형식을 취하고 있는 것에 주목할 필요가 있다. 이런 복의 선언은 위로의 말임과 동시에 예수의 제자들을 향한 명령인 것으로 이해되어 왔다. 하지만 이것은 모든 사람을 향한 예수의 말씀으로 바라보는 것이 좋다. 즉 예수께서 이 세상의 모든 사람과 관련된 말씀을 하신 것이므로 이 구절은 모든 사람의 삶을 이끌어 가는 우주적인 원리이다. 만약 우리가 육안으로 보이는 것 이상을 보고 하나님의 임재와 간섭하심을 느낄 수 있다면 이 세상의 일들이 어떠할 것인가를 예수께서 말씀하신 것이다. 예수는 이스라엘 백성이 이해하는 세상을 하나님의 시각으로 보았을 때 나타나는 세상으로 재구성하셨다. 말하자면, 팔복을 규정이나 명령으로 이해하기보다 하나님의 시각을 통해 나타나는 세상에 대한 묘사로 이해할 수 있다.

3절에서 10절까지의 내용을 규범과 명령이 아니라 묘사와 서술이라 받아들인다면, 예수께서 하나님 나라에 속한 사람들을 다양한 방법으로 묘사하고 있음을 발견할 수 있다. 첫째, 자신이 하나님의 방법으로 성장할 여지가 있고 자신의 영혼에 하나님의 나라를 받아들일 여지가 있다고 생각하는 사람들을 예수는 다양한 각도로 기술하고 있다. 이런 사람들은 심령이 가난한 사람들(3절), 온유한 사람들(5절), 의에 주리고 목이 말라(6절) 흔히 의를 위해 핍박을 받는 사람들(10절), 또는 마음이 청결한 사람들(8절)이다. 이들은 종교적 요구사항(religious prerequisites)에 대해 유식하지 못한 사람들이고 한 걸음 더 나아가 주가 되신 예수를 경외하여 그의 말씀과 행위에 마음이 열려 있는 사람들이다. 각각 다른 표현을 사용하고 있지만, 결국 이 모든 구절은 자신의 부족함을 깨닫고 채움받을 준비가 되어 있는 사람들을 가리키고 있는 것이다.

　둘째, 세상 기준으로 보았을 때 부족한 자들이 어떻게 하나님의 시각에서는 불행한 자들이 아닌지 그리고 어떻게 그 부족함이 풍성하게 채워지고 복 있는 사람이 되는지를 말씀하고 있다. 애통할 때 그들은 위로를 받고(4절), 의에 주리고 목마를 때 그들은 배부르게 된다(6절). 더욱이 예수는 하나님과 다른 사람을 위한 삶이 어떻게 하나님의 가족이 된 징표인지를 말씀하신다. 다른 이들을 긍휼히 여기는 사람은 하나님으로부터 긍휼히 여김을 받고 하나님께 속한 자가 될 것이고(7절), 화평케 하는 자는 하나님의 아들이라는 신분을 갖게 되며(9절), 의를 위해 핍박을 받는 자는 천국을 소유하게 될 것이다(10절).

비록 이 세 가지 범주가 서로 다른 것처럼 보여도, 실제로는 그렇지 않다. 자신이 완전하지 못하고 다른 이들, 특히 하나님의 도움이 필요하다고 생각하는 사람들은 자신에게 부족한 것을 인정하고 애통할 줄 아는 정직한 사람일 것이다. 이들은 스스로 다른 이들을 판단할 자격이 없다는 것을 깨닫고, 다른 사람을 용서하고 자비를 베푸려고 노력한다. 자신이 완전하다는 생각에 묶여 있지 않기 때문에 다른 이에게 그리고 이것저것 얽혀 있는 상황에서 화평할 수 있다. 자신이 가진 것을 더욱 채우려 하지 않기에 하나님을 좇아 의를 행하며, 자신의 삶을 기꺼이 내려놓을 줄 아는 사람이다.

그러면 복의 말씀을 예수 그리스도를 따르는 사람을 위한 처방전이나 점검 목록으로 이해하려는 전통적인 방법과는 달리 하나님 가족의 일원이 된 사람에 대한 묘사로 이해하는 것은 어떨까? 이것은 같은 내용을 그저 다르게 표현하는 것일 수도 있다. 하지만 그 차이는 복의 말씀을 이해하는 방법에 있는 것이 아니라 우리 삶에 적용하는 방식에 있다. 전통적인 이해는 복의 말씀을 윤리적인 지침으로 받아들이는 반면, 새로운 관점은 예수를 따르는 자들에 대한 묘사로 여긴다. 전자가 우리가 무엇을 추구해야 하는지를 강조한다면, 후자는 우리가 우리 자신을 바라보는 관점에 초점을 맞춘다. 예를 들어, "의에 주리고 목마른 자는 복이 있나니."를 하나의 처방전으로 해석했을 때, 그것은 우리가 전심을 다해 지켜야 할 규칙으로 이해한다. 팔복에 대한 이러한 이해를 통해 우리는 절대적인 의의 경지에 도달하려 애쓰게 될 것이다. 그러나 팔복을 예수 그리스도를 따르는 자들에 대한 일반적 묘사로 해석한다면, 그것은 하나님 가족의 구성원을 분별하는 기준이 될 수 있다. 각 개인의 삶에서 실천하는 의의 수준과는 별개로, 어떤 사람이 삶에서 의를 따르는 경향을 갖고 있다면 그 사람은 하나님 나라에 속한 것이다. 우리가 의를 추구하는 방향으로 움직인다면, 비록 완벽하거나 완전하지 않다고 해도, 우리는 하나님의 가족이며 나아가 하나님은 의에 대한 우리의 허기와 갈증을 채우실 것이다. 다시 말해, 팔복은 우리의 완벽을 요구하는 규칙이 아니라 하나님의 사람에 대한 묘사이다. 사실, 우리는 우리 자신을 의롭게 하는 데 있어 완벽하지 못하다. 그러나 우리가 의를 갈망하고 이를 향해 움직일 때 우리를 의롭게 하는 데 있어 완벽하게 하시는 분은 하나님이시다.

그래서 복에 대한 말씀은 의무의 목록을 작성하는 데 바탕이 되고 또 완수하기 위해 하나하나 점검해야 하는 특정한 명령으로 이해되는 대신, 하나님께서 자신의 삶을 인도하시도록 자신을 더욱 맡기는 사람을 말하고 있는 것이다. 각각의 복의 말씀을 특정한 명령으로 보면 우리 자신을 점검하는 목록으로 만들어 그것과 우리 자신을 강박적으로 비교하게 하고, 언제나 우리 자신이 예수 그리스도의 제자가 되기에는 너무 거리가 먼 사람이라는 생각이 들게 한다. 그러나 복의 말씀을 하나님 가족의 일원인 사람들을 묘사하는 것으로 보면 자신이 불완전하다는 것을 알고 있고 또 실제로 불완전할 수밖에 없는 사람들을 품을 수 있는 여지를 갖게 된다. 전자의 이해를 따르면, 각각의 명령을 완수하기 위해 자신의 생각과 행동 그리고 태도에 특별히 주의를 기울이고 그것을 복의 말씀에 있는 명령과 계속 비교해야 하지만 후자의 이해를 따르면, 자신들의 필요를 정직히 인정하고 그 필요를 채우기 위해 외부에서 오는 힘을 갈구하는 사람들을 평안한 마음으로 수용한다.

새롭게 이해해서 바라보면, 우리가 하나님 가족의 일원이 된 사람들을 알 수 있도록 예수는 하나의 시각으로가 아니라 다양한 시각으로 그 특징을 묘사한다. 즉, 각각의 복의 말씀은 우리의 의가 어느 정도인지 점검하기 위한 명령의 목록이 아니라 하나님의 가족된 사람들을 여러 측면에서 기술한 것이다. 이런 식으로 복의 말씀에는 하나님 가족의 일원됨이 충분히 언급되고 있다. 예를 들어보자. 우리가 코끼리를 묘사할 때 전통적인 방법은 코끼리의 특징, 다시 말해 유연한 긴 코, 두 개의 큰 귀, 두 눈에 잘 띄는 긴 상아, 큰 몸통 등에 관해 말하는 것이다. 그러나 이 특징들을 잘 활용하면 특정한 부분을 그려 낼 수는 있지만 별개의 부분에 대한 언급만으로는 코끼리가 어떻게 생겼는지 완전히 이해할 수 없다. 따라서 코끼리의 모습을 제대로 그려 낼 수 없다. 코끼리의 전체 모습을 그리려면 각각의 부분이 서로 어떤 위치에 놓여 있으며, 상호 간 어떻게 통합되어 있는지 보여 주는 그림이 필요하다.

의무에 얽매이는 우리의 성향은 복의 말씀을 지키는 것을 어렵게 했다. 그러나 예수의 의도는 자신을 따르는 자들에게 지켜야 할 계율을 전해 주는 것이 아니라, 어떤 종류의 사람들이 하나님 나라에 이르기 위해 예수 자신의 말씀과 행위에 더 잘 응답할 준비가 되어 있고 순종하는지를 보여 주려 하셨던 것이다. 예수는 하나님 가족의 일원이 된 사람들을 보다 온전한 그림으로 묘사하려 했던 것이지 하나님 가족에 속하기 위해 지켜야 할 목록을 주려 했던 것은 아니었다. 예수는 누가 하나님 나라에 들어갈 것인지 보기 위해 경주를 시키려 했던 것이 아니라 하나님께 도움을 청하는 자들이 어떻게 이미 하나님의 가족이 되었는지를 말씀하려 하셨던 것이다.

이러한 복의 말씀은 예수의 한량없는 기쁨을 언급했던 누가의 이야기와 일관성을 갖는다. 누가복음에 따르면 예수는 성령으로 기뻐하시며 다음과 같이 말씀하셨다. "천지의 주재이신 아버지여 이것을 지혜롭고 슬기 있는 자들에게는 숨기시고 어린 아이들에게는 나타내심을 감사하나이다 옳소이다 이렇게 된 것이 아버지의 뜻이니이다"(눅 10:21). 예수는 큰 기쁨 가운데 교육받지 못하고, 가난하고, 미천하며, 자신들의 삶이 스스로의 노력으로는 채워질 수 없다고 여겼던 그다지 종교적이지 못했던 사람들에게 하나님의 세계를 드러내신 것에 감사드렸다. 그들은 자신들이 외부로부터 도움이 필요한 자들임을 알았다. 이것은 또한 유식하고, 품위 있고, 의롭고, 종교적이라 여겨지는 사람들에게는 너무 가혹한 말이었다. 복의 말씀에서 드러나듯이, 예수는 하나님의 가족이 된 사람들을 묘사하는 것에 관심이 있었지

하나님 가족의 일원이 되기 위해 얼마나 완전해야 하는지에 대해서는 관심이 없었다. 심령이 가난하고, 애통함을 느끼고, 온유하고, 의에 주리고, 목말라하고, 긍휼히 여기고, 마음이 청결하고, 화평케 하고, 의를 위해 고난받는 자세를 취할 때 우리가 그런 존재가 되기에 아무리 부족할지라도 하나님께서는 우리를 하나님 가족의 일원으로 받아 주신다.

하나님 가족의 일원이 된 사람들에 대한 일반적이고 우주적인 언급을 한 뒤에, 예수는 자신의 말씀을 듣고 있는 사람들에게 시선을 돌린다. 11절에서 예수는 자신의 이야기를 듣고 있는 사람들이 경험하는 특정한 일에 대해 언급한다. 3절과 10절 사이에서 하나님의 일반적인 가족이 되는 것에 대해 언급한 다음, 자신을 따르는 자들이 받을 핍박과 악의적인 비난에 대해 말씀하신다. 11절에서 예수는 자신이 언급하는 대상의 인칭을 3인칭에서 2인칭으로 바꾸고 있다. 비록 "…는 복이 있나니"의 형식을 계속 유지하고 있지만, 3인칭의 "그들"이라는 말 대신 2인칭의 "너희"라는 말을 사용하고 있는 것이다. 예수는 그를 따르는 사람들의 특별한 경험을 말씀하신다. 예수는 자기를 따르는 자들이 어려움을 겪게 될 것이라는 것을 인정하는 동시에 또한 그것을 미리 경고하는데, 이는 자신을 따르는 자들이 겪게 될 특별한 경험을 확인해 주는 진술이다.

그러나 보다 중요한 것은 이 구절이 하나님 가족에 대한 일반적인 설명에서 하나님 가족의 구성원에 대한 최종적인 진술로 이동하는 중간 단계라는 것이다. 11절은 3절에서 10절까지의 3인칭을 대상으로 한 말씀에서 12절의 2인칭을 대상으로 한 말씀으로 전환하는 과정 중에 있다. 12절에 가서야 완전한 전환이 이루어져 예수께서 2인칭을 대상으로 말씀을 계속하시며, 더 이상 "복이 있나니"라는 말은 사용하지 않으신다. 이런 면에서 자신의 이야기를 듣고 있는 자들에게 기뻐하고 즐거워하라고 한 예수의 촉구는, 하나님의 가족된 자들에게 예수가 하고 싶었던 말의 절정이다. 이것은 하나님 가족에 속한 사람들을 묘사하는 가장 중요한 표현이다. 다시 말해 예수는 12절을 가장 중요하게 생각했으며, 사람들에게 심령이 가난하고, 애통하고, 온유하고, 의에 주리고 목말라하고, 긍휼히 여기고, 마음이 청결하고, 화평케 하고, 의를 위해 고난받는 중에 기뻐할 것을 말하고 있다.

예수께서 자신을 따르기 위해 핍박받는 자들은 선지자의 고난에 동참하는 것이고 또 그들이 하늘에서 큰 상을 받을 것이라 말씀하시지만, 그들이 핍박과 비난을 받는 상상치 못할 상황 속에서도 기뻐하고 즐거워하도록 하기 위해 이 두 가지를 제시하고 계신 것은 아니라는 사실을 알아야 한다. 그 대신 예수는 다음의 두 가지 진리를 말씀하신다. (1) 하나님의 가족이 되는 것은 누구에게나 궁극적인 축복이요, 상급이다. (2) 이들에게는 핍박의 삶이 현실이다. 예수를 따르는 자들에게 기뻐하고 즐거워하라고 하신 실제적인 이유는, 마치 바리새인들이나 사두개인이 종교적 계율을 강박적으로 모두 지키려 했던 것처럼 예수 자신을 따르는 자들이 3절과 10절 사이의 말씀을 온전히 지키려고 발버둥치는 것을 막기 위함이었다. 다시 말하면, 예수는 심령이 가난하고, 애통하고, 온유하고, 의에 주리고 목말라하고, 긍휼히 여기고, 마음이 청결하고, 화평케 하고, 의를 위해 고난받는 자들을 인정해 주시고 칭찬하시며 또한 그들에게 기뻐하고 즐거워하는 중에 그렇게 하라고 말씀하신 것이다.

3절에서 10절까지의 말씀은 하나님 가족의 구성원에 대한 일반적인 묘사다. 비록 그들이 아직은 완벽하지는 않지만, 삶에서 이런 태도를 지닌 사람들은 하나님 가족의 구성원으로 여겨진다. 그러나 여전히 여기에는 이런 삶의 태도를 통해 사람들이 완전해지려고 노력한다는 사실도 암시되어 있다. 예수께서는 아마 우리가 예수께서 베푸신 초대의 말씀을 조직화해서 율법으로 바꾸려는 성향이 있다는 것을 이미 잘 알고 계셨을 것이다. 예수는 또한 하나님의 가족 일원이 된 사람들의 중요한 단면을 강조하셨는데, 그것은 기뻐하고 즐거워하는 것이다. 예수는 강제로 우리가 하나님 가족의 일원이 되도록 만들려는 것이 아니라 우리가 자발적으로 즐거워하고 기쁨으로 하나님 가족의 일원이 되도록 초대하시는 것이다. 예수는 기쁨이 우리가 하나님 가족에 속해 있다는 표시임을 알려 주기 원하셨다. 삶의 상황과 우리가 하는 것들에서 기뻐할 수 없을 때 우리는 정직해야 할 필요가 있고, 우리 자신의 한계를 받아들여야만 한다. 한편 심령이 가난하고, 애통하고, 온유하고, 의에 주리고 목말라하고, 긍휼히 여기고, 마음이 청결하고, 화평케 하고, 의를 위해 고난받는 것에 있어 완벽해지기 위해 계속 노력해야 하지만, 우리는 매 순간 우리의 기쁨을 희생하지 않고 우리 자신의 능력에 솔직한 태도를 보여야 한다.

하나님은 우리가 즐거움으로 반응하고 기쁨으로 하나님께 가까이 나아가기를 기대하신다. 은혜와 사랑의 하나님은 심령이 가난하고, 애통하고, 온유하고, 의에 주리고 목말라하고, 긍휼히 여기고, 마음이 청결하고, 화평케 하고, 의를 위해 고난받는 중에 우리가 기쁘고 즐거운 마음으로 하나님 가족의 일원이 되도록 초대하신다. 그래서 우리가 기뻐하는 모습이야말로 하나님 가족의 일원이 된 표현의 최고봉이요, 화룡정점과 같은 것이다. 즉 하나님 가족의 구성원이 되었다는 모든 것보다 앞선 최상의 표현이다. 하나님은 특별히 우리가 하나님의 가족이 되었다는 사실로 인해 기뻐하는 삶을 살기를 원하신다. 우리가 하나님께 드릴 최고의 선물은 기뻐하는 마음인데, 이는 하나님 가족의 일원이 됨으로써 우리에게 기쁨의 샘이 주어졌기 때문이다. 비록 삶의 많은 부분이 그 기쁨의 샘을 고갈시키려 하고 있지만 말이다. 그래서 우리는 기뻐하고 즐거운 삶을 살게 되는 것이다.

우리는 예수께는 기쁨이 무엇을 의미하는지 그리고 기쁨이, 비록 가장 중요한 것은 아니더라도, 예수가 누구이며 예수의 사역이 무엇인지를 이해하는 데 얼마나 중요한 측면인지를 살펴보았다. 예수는 기쁨의 담지자였다. 예수의 이 땅에서의 삶은 웅장하고 누구도 멈출 수 없는 큰 기쁨의 소리에서 시작되었다. 그것은 이 지상에 큰 기쁨이 도래한다는 놀랍고 황홀에 찬 약속의 소리였다. 나아가 모든 사람이 자유롭게 그 큰 기쁨을 누릴 것에 대한 기대의 소리였다. 또한 이 지상에서의 예수의 삶은 깊이 꿰뚫고 오래 지속되는 기쁨과 함께 끝이 난다. 제자들에 의해 경험된 그 기쁨은, 그들이 영원한 예수의 약속을 완전히 신뢰하고 예수를 향한 의심에 대한 솔직한 고백과 그들과 세계의 미래에 대한 흥분에 찬 전망이 함께 혼합되면서 생겨났다.

예수는 기쁨을 지니고 있는 분이셨을 뿐만 아니라 우리에게 기쁨을 가져오는 것이 그의 인생 목표였다. 예수의 삶은 사람들에게 새로운 삶을 허락하심으로써 오는 기쁨으로 채워졌다. 예를 들어 그는 배고픈 이들을 먹이고, 눈먼 자를 보게 하며, 벙어리를 말하게 하고, 중풍병자를 일어나 걷게 하며, 혈루병 걸린 사람을 치유하고, 간질병과 문둥병에 걸린 사람을 온전하게 하며, 손 마르고 저는 사람을 똑바르게 함으로써 사람들에게 기쁨을 가져다 주셨다. 보다 중요한 것은, 예수는 죽음과 악마에게서 승리하심으로 우리 모두에게 큰 기쁨을 주셨다는 점이다. 예수는 또한 선하고 믿을 만한 사람은 하나님께 기쁨을 가져온다고 하셨다. 예수께서는 삶을 돌이켜 하나님을 발견한 사람을 통한 그분의 기쁨을 매우 직접적으로 표현하셨다. 이와 비슷하게, 그는 하나님께서 하나님 나라에 헌신하는 우리를 발견할 때 기쁨을 느끼시는 분으로 묘사하셨다.

지금까지 의무와 기쁨 가운데 예수는 기쁨을 선택하신다는 것을 살펴보았다. 당시 전통적이고 책임적인 그리고 의무에 얽매인 유대 공동체의 관점에서 보면 이것은 완전히 상식에 반하고 예상치 못하는 반응이었다. 예수에게는 그분의 말씀과 현존 그리고 그분과의 관계에서 기쁨을 발견하는 것이 윤리적으로 가난한 사람을 돕고 그분을 위해 부지런히 무엇을 드리는 것보다 더욱 중요한 일이었다. 또한 세상의 어려움을 극복할 바탕이기도 했다.

우리는 산상수훈을 통해 예수에게는 기쁨이 어떠한 의미를 지니고 있는지를 살펴보았다. 산상수훈을 새로운 시각으로 볼때, 기쁨 혹은 기뻐하는 태도가 하나님 가족이 된 사람들이 보일 수 있는 최고의 표현이라는 것을, 다시 말하면, 그것이 하나님 가족의 일원이 된 우리가 하나님과의 관계를 맺은 궁극적인 표현이라는 것을 살펴보았다. 복의 말씀을 하나의 율법으로 보는 대신 그것을 하나님 가족의 일원으로 초대하는 예수의 일반적인 서술이라고 이해한다면, 기뻐하는 태도가 하나님 가족의 일원이 되려는 우리의 의지를 반영하는 지표임을 알게 된다. 의를 추구하는 중에 우리가 기뻐할 수 없을 때 그것은 우리의 한계를 보여 준다. 그러나 예수께서는 우리가 기뻐하기를 포기하지 말고 매 순간 우리 자신의 능력에 대해 신실한 태도로 임하되 좀 더 훈련된 모습을 향해 나아갈 것을 주문하고 계신다. 예수께서는 우리가 퇴색하지 않는 신실성과 꺼질 줄 모르는 열정을 지닌 하나님 가족의 일원이 되기를 기대하신다.

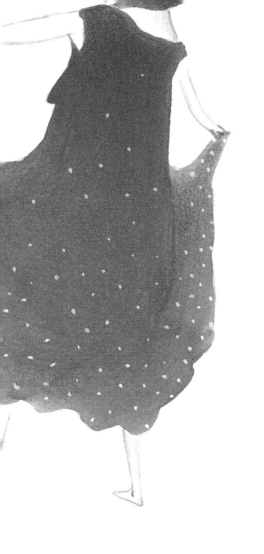

3 장

기쁨의 다양한 얼굴

기쁨이란 정서는 별로 복잡할 것도 없이 아주 간단한 정서인 것처럼 보인다. 그러나 주의 깊게 살펴보면, 기쁨은 우리가 경험할 수 있는 가장 복잡한 정서 중의 하나이다. 나는 기쁨이 다양한 얼굴을 지녔다고 생각한다. 기쁨의 다양한 얼굴을 표현하면 다음과 같다. (1) 기쁨은 다양한 방식으로 표현된다. (2) 기쁨은 물질적인 것에서도 그리고 영적인 것에서도 경험된다. (3) 성향으로서의 기쁨은 기쁨과 쾌락을 누리는 것을 모두 촉진시킨다. (4) 기쁨은 개인적인 경험인 동시에 공동체적인 경험이기도 하다. (5) 기쁨은 반응인 동시에 동기부여(motivation)이다(예측된 기쁨). (6) 기쁨은 일방적일 수도(부당한 기쁨) 그리고 상호적일 수도 있다(공정한 기쁨). (7) 기쁨은 일시적이기도 하고 지속적이기도 하다. (8) 기쁨은 사람마다 다르게 경험된다.

기쁨은 다양한 방식으로
 표현된다

기쁨이라는 단어를 생각할 때, 우리는 자동적으로 사람들의 행
복한 얼굴을 떠올린다. 사람들은 일반적으로 온 얼굴에 미소를
지음으로써 기쁨을 표현한다. 예를 들면 엄마는 자신의 아이가
처음으로 뒤집기에 성공했을 때 온 얼굴에 웃음을 띄며, 어떤 사
람은 다른 사람을 도와준 후에 얼굴에 만족스러운 웃음을 보인
다. 기쁨은 또한 커다란 웃음으로도 표현되는데, 사람들은 일
반적으로 오랫동안 보지 못했던 옛 친구를 만났을 때 크게 웃는
다. 그리고 생각지도 못한 선물을 받거나 승진하게 되었을 경우
미소와 웃음으로 기쁨을 표현한다. 마찬가지로, 생일이나 혹은
삶의 중요한 일을 맞이한 사람을 위해 깜짝 파티를 열면, 그 당
사자는 얼굴에 미소를 짓거나 웃지 않을 수 없다.

　모순처럼 들릴지도 모르겠지만, 기쁨은 눈물을 통해서도 표
현된다. 간절히 소망하던 것을 얻게 되었을 때 사람들은 종종
기뻐서 운다. 예를 들어보자. 어떤 부부가 오랫동안 아이를 갖
지 못하다가 임신 소식을 들었다거나 혹은 오랫동안 아이를 입
양하려 고민하다가 드디어 아이를 입양했다고 하자. 또는 아이
를 출산한 뒤에 사정상 그 아이를 포기해야만 했던 엄마가 십수
년이 흐른 뒤에 그 아이를 되찾게 되었다고 하자. 혹은 가족 구
성원들 또는 친구들이 마침내 이전 누군가와 깨졌던 관계에서
회복되었다고 하자. 임신한 사실을 알게 된 것, 오랫동안 기다

리고 찾았던 아이를 만나게 된 것, 오래 지속된 깨진 관계에서 회복된 것, 이 모든 일은 기뻐할 만한 일들이다. 그런데 이러한 상황에서 사람들은 기쁨 속에서 서로 끌어안고 울지 않을 수 없다. 마찬가지로, 어떤 가정이 집을 장만하기 위해 오랫동안 돈을 모아 왔는데 마침내 꿈을 이뤄 그들의 첫 번째 집으로 이사하는 기쁨은 그 감정을 담아내는 그들의 능력을 넘어선다. 오랫동안 알코올과 약물 중독자였던 한 가족 구성원이 마침내 자신의 중독 위험성을 깨닫고 도움을 받기로 결정해 재활 프로그램에 참여한다면, 그 가족은 오랜 시간 쌓여 온 무력함과 그의 건강과 행복에 대한 두려움을 기쁨으로 발산하지 않을 수 없다. 이것은 미소와 웃음을 넘어서는 감정의 표현으로 나타나야만 하며, 기쁨의 눈물로만 표현될 수 있다.

게다가, 기쁨은 종종 환호성을 지르거나 대범하게 큰 소리를 지르는 것을 동반한다. 기쁨을 주체할 수 없을 때 소리를 크게 지르는 것을 통해 터질 것 같은 기쁨이 분출되는 것이다. 예를 들면, 학교의 축구팀이나 농구팀이 매우 힘든 경기를 하다가 마침내 이겼을 때 이들은 자신들이 승리한 기쁨을 함성으로 표출한다. 마찬가지로, 예수께서 예루살렘에 입성하셨을 때 메시아를 환영하는 이스라엘 백성의 외침은 가슴 속에서 요동치는 기쁨의 외침이었다. 또 다른 한편으로, 매우 이상하게 들릴지 모르겠지만 기쁨은 조용한 침묵으로도 표현된다. 때때로 기쁨이 깊어지면 환호하는 수준을 넘어서는데 이런 기쁨은 너무 커서 그것을 표현하는 유일한 선택은 조용히 그리고 천천히 그 기쁨

을 표출하는 것이다. 어떨 때는 인식이 되지 않지만 깊은 곳에
서부터 느껴지는 우리의 존재로 인한 기쁨은 마치 어머니로부
터 돌봄을 받고 있는 것처럼 그곳에서 가능한 많은 것을 누리게
한다.

　로라 스타이너(Lora Steiner)의 예가 이런 경험을 반영한다. 그
녀는 기쁨의 영성이라는 내 수업을 들었던 학생 중 한 명으로 기
쁨의 경험에 대한 수업 과제물에서 그녀의 가는 곳들(thin places)
(가시적인 물질 세계와 보이지 않는 영적 세계의 사이-역주) 중 하나를
묘사했다.

　　가는 곳들(thin places)은 삶의 공간이다. 아마도 하나의 사건일
　　수도, 물리적 위치일 수도 있다. 그곳은 신성한 것과 평범한 것,
　　보이는 것과 보이지 않은 것 사이를 가르는 매우 가는 선으로 묘
　　사될 수 있다.
　　내 삶에서 이 장소들 중 몇몇을 발견해 왔다. 네게브 사막, 니카
　　라과 시골에서 별들을 바라보는 순간, 전기 없이 지냈던 수 시
　　간, 정상이 눈으로 뒤덮인 안데스가 내 앞에서 떠오르듯 서 있는
　　티티카카 호수 위의 조그만 배 위가 그런 장소였다.
　　내가 즐겨 가는 곳 중의 하나가 영국의 피크디스트릭트국립공
　　원이다. 그러나 이름과는 달리 그 지역에는 산꼭대기가 존재하
　　지 않는다. 그곳은 대부분 경사진 언덕이나 황무지이고, 많은 양
　　들이 존재한다. 피크디스트릭트는 산을 오르는 사람과 산책하는
　　사람 모두가 선호하는 목적지이다. 등산 구역이 대개는 비가 많

이 내리고 추운 날씨여서 바람이 몰아치는 구름 낀 60도의 날씨에도 사람들은 이곳의 아름다운 날씨를 보고 감탄한다.

나는 우연히 피크디스트릭트를 발견했다. 모든 여행 가이드 책들은 레이크디스트릭트를 꼭 가야 할 장소로 추천한다. 기록에 따르면 이곳은 호수와 산 정상이 모두 존재한다. 그리고 이 지역은 윌리엄 워즈워스(William Wordsworth)와 비트릭스 포터(Beatrix Potter)가 살았던 지역으로 정말 아름다운 곳이다. 하지만 그곳 근처에 살며 하이킹을 안내해 준 내 친구이자 동료인 노엘과 나는 황야 지대의 투박하고 고독한 느낌을 더 좋아한다는 것을 알게 되었다.

내가 가장 사랑한 것은 바람이었다. 그것은 휘몰아쳤고, 옷을 몸에 밀착시켰으며, 나무들을 부자연스러운 천사로 만들었고, 조그만 웅덩이에도 잔물결을 일으켰다.

바람은 내가 육체를 지닌 존재라는 사실을 새삼 인식시켜 주었고, 동시에 이 세상에서의 내 왜소함을 발견하게 했다. 내가 멈추어 있을 때 들었던 것은 바람이 나를 향해 돌진하는 소리였다. 노엘과의 대화는 대부분 음식을 먹기 위해 멈춰 서거나 밴에 있을 때에 주로 이뤄졌다. 그는 세찬 바람을 묵상으로 묘사했고, 그 바람은 우리를 위해 호흡하는 것이라고 표현했다.

우리는 매일 십 마일가량을 천 년이 넘게 된 이륜차 길을 따라 그리고 황야의 절정으로 어둡게 채색된 강과 호수를 지나 가파른 바위의 가장자리를 끼고 숲을 지나 걸어갔다. 내가 느낀 것은 기쁨 그 자체로 묘사했을 어떤 것이라기보다는 큰 기쁨과 그날 그것으로 나는 충분히 족하다는 느낌이 복합된 것이었다.

　　로라가 여기서 묘사한 것은, 고요하고 움직이지 않는 자기 존재의 중심성에서 삶의 활기와 기쁨의 평온한 느낌이 자연스럽게 흘러나오는 것이다.

　　기쁨은 때로는 여러 표현 방법이 서로 혼합되어 표출되기도 한다. 말하자면 얼굴 가득 미소 짓는 것, 웃는 것, 우는 것, 놀라는 것, 환호성을 지르는 것 심지어 침묵까지, 이런 것들이 혼합되어 기쁨으로 표출된다. 전통적인 이해에서는 부정적인 감정과 긍정적인 감정 두 가지 종류만 있고, 이 반대되는 두 정서는 동시에 공존할 수 없었다. 하지만 기쁨은 이런 전통적인 이해를 넘어선다. 부정적인 정서 반응과 긍정적인 정서 반응 모두가 기쁨에서 표현될 수 있으며, 온 얼굴에 웃음을 띠면서도 동시에 눈물을 흘리는 경우에서 볼 수 있듯이 기쁨은 극단적인 두 정서를 포함할 수 있다. 기쁨은 전통적인 범주 밖으로 우리의 삶을 들어올린다. 기쁨은 동시에 극단적으로 반대되는 형태들을 포함해 가능한 다양한 인간들의 표현을 담아낸다. 각각의 상황은 기쁨을 표현하는 서로 다른 방법을 요구하기 때문에 "이런 정서적 표현이 기쁨의 표현이다."라고 정확히 말할 수 없는데, 이는 기쁨이 그 표현에 있어서 변화무쌍하기 때문이다.

기쁨은 물질적인 것에서도
그리고 영적인 것에서도 경험된다

영적인 일과 물질적인 일을 모두 포함해서 우리는 삶의 모든 측면에서 기쁨을 쉽게 발견할 수 있다. 앞에서 삶의 많은 것들이 어떻게 우리에게 기쁨을 가져다주는지 살펴보았는데, 삶에서 겪는 다양한 일들 속에서 우리는 기쁨을 얼마든지 찾을 수 있다. 예를 들면, 아름다운 폭포나 울창한 숲을 볼 때처럼 자연 속에서 기쁨을 발견한다. 또 아기가 태어날 때 기쁨을 느끼는데 가족들이 느끼는 기쁨의 강도는 아기의 울음소리에 비교할 만하다. 어떤 목표를 이루었을 때, 좀 더 안전하고 건전한 세상을 위해 새로운 발명을 했을 때, 바라던 지위를 얻었을 때 그리고 오랫동안 갖고 싶었던 물건을 갖게 되었을 때 우리는 기쁨을 느낀다. 이런 기쁨은 물질적인 일들로 인해 얻는 것이다. 그중 자연 세계에서의 기쁨은 영적인 것들, 다시 말해 하나님과 우리의 관계에서 비롯되는 기쁨으로 흔히 인도할 수 있다. 기쁨의 영성 수업의 다른 학생인 저스틴 스위트(Justin Sweet)는 자연과 가족 관계에서부터 하나님과 우리의 관계까지 복잡하게 얽혀 있는 활동과 의식에 걸쳐 있는 기쁨을 묘사한다.

웨스트버지니아에 있는 산에서 경험한 일들은 내게 항상 즐거운 것이었다. 아버지에게는 한때 가나안 계곡 근처에 집이 있었는데, 1년에 몇 번씩 가족들이 그곳에 모이곤 했다. 가나안 계곡은

겨울에 스키와 스노우보딩을 타는 것으로 유명했다. 나는 스노우보딩을 즐겨 탔다. 겨울에는 많은 눈으로 황홀하고 놀라운 풍경이 펼쳐졌다. 그것은 매우 아름다웠다. 산에서 미끄러져 내려오면서 나는 평화와 고요를 느꼈다. 그것은 정말 우리를 들뜨게 했다. 그 집에서 멀리 떨어지지 않은 곳에 산이 있었기에 우리 가족은 함께 등산을 하곤 했다.

산으로 향하는 여행 전에 우리는 각각 등산을 위해 지팡이를 꺼내 들었다. 각각의 지팡이는 나무를 조각해서 만든 것이었고, 각각의 우리 얼굴과 닮아 있었다. 그것은 우리가 모두 경험한 것들의 단지 일부분이었다. 긴 등반을 하는 동안 껑충거리며 노는 사슴을 자주 보곤 했다. 우리는 산 정상 가까이에 있는 블루베리가 덮인 지역을 발견했고, 그곳에 잠시 멈춰 서서 그것을 먹기도 했다. 정상에 도착하면 가나안의 장대한 광경을 만날 수 있었고, 다른 쪽으로는 울창한 숲과 야생 생물로 가득한 국립 야생동물 보호구역을 볼 수 있었다.

곰이 산에 종종 나타난다고 하지만 나는 아직 그곳에서 단 한 마리의 곰도 보지 못했다. 곰을 볼 수 있던 유일한 시간은 곰이 우리집 창문 곁을 지나갈 때였다. 그것은 대단한 볼거리였다. 산 정상에 있는 거대한 바위들은 우리를 멈춰 서게 했다. 우리는 한동안 그곳에 머무르며 식사를 함께했다. 바위에는 우리가 곰의 욕조라고 불렀던 곳이 있다. 한 곳은 오목해서 물이 모아지곤 했다. 개들은 물속을 헤치면서 놀았다. 가끔 독수리가 우리 머리 위를 돌아다니는 것을 보기도 했다.

함께 등산하고 정상에서 교제할 때 우리는 동료 의식과 같은 것을 경험했다. 그곳은 평화롭고 신기로웠으며, 흥미로운 대화와 주변의 아름다움으로 가득했다. 아버지는 더 이상 그 집을 소유하고 있지 않지만, 여전히 그곳으로 휴가를 떠나 다른 집에 머무신다. 아버지가 집을 판 뒤로 나는 아직 가나안으로 휴가를 가지 못했다. 이번 겨울에 그곳에서 스노우보딩을 타고 등산을 할 계획이다. 그것은 내게 기쁨을 주는 경험이 될 것이다.

자연은 하나님의 창조 선물이다. 자연 속 우리 주변의 아름다움을 발견할 때, 우리는 하나님이 만드신 창조물의 아름다움을 본다. 우리는 놀라움으로 채워진 그것을 찬양해야 한다. 자연은 심지어 믿는 사람이건 믿지 않는 사람이건 간에 하나님의 존재를 느끼게 한다. 그것은 완벽하다. 자연 속의 하나님의 창조물은 완벽하다. 이 완벽은 하나님에 대한 느낌으로 우리를 채운다. 나는 가나안 산에서 가족과 함께 보냈던 시간을 늘 기억할 것이며, 그러한 경험은 나에게 충만한 기쁨을 줄 것이다.

자연에서 가족과 함께 즐기며 경험한 저스틴의 기쁨은 하나님과 그의 관계에서 비롯되는 기쁨으로 연결되었다. 가나안 계곡을 오르며 경험한 기쁨은 물질 세계와 영적 세계에서의 기쁨이 상호 연결되어 있다는 것을 보여 준다.

기쁨은 영적인 것에서 또한 발견할 수 있다. 인생의 모든 짐을 맡길 수 있는 하나님을 발견했을 때 그리고 끊임없이 짓누르고 옥죄는 죄에서 해방되었을 때 사람들이 기뻐하는 것을 볼 수 있다. 이런 기쁨은 사람들이 영적인 삶에 담긴 새로운 의미를 발견했을 때 경험한다. 내 수업의 다른 학생인 론다 리틀톤-존슨(Ronda Littleton-Johnson)은 다른 사람과 자신을 용서하지 못하는 그녀의 무능력의 속박에서 벗어난 기쁨을 솔직하게 묘사한다.

나와 같은 사람에게 용서는 [과거에] 대단히 어려운 것이었다. 사실 지금 생각해 보면, 그것은 내가 진실한 마음으로 할 수 있는 것이 아니었다. 입으로 용서의 말을 혼자서 중얼거리기도 했지만, 나에게 상처 준 일들은 언제나 내 마음에 남아 있었다. 그렇기에 내게 상처 준 사람과 그의 행위는 결코 용서될 수 없었다. 이것은 상처로부터 나를 보호하기 위해 계발한 일종의 방어기제였다. 만약 그것이 내 마음의 행복을 보장하는 데 도움을 주었는지 누군가 묻는다면, 나는 아니라고 분명히 말할 것이다. 그것은 절대 그렇지 않았다. 당시 나를 계속 상처 속에 있게 했던 것은 바로 그 보호받고 있다는 느낌이었다. 많은 경우에, 나는 용서가 자유에 이르는 한 방법이라는 것을 결코 생각하지 못했다. 마침내 모든 일이 잘 해결될 것이라고 여기면서 매우 행복한 삶을 살아가고 있다고 느꼈다.
나는 하나님이 유머감각을 갖고 계심을 안다. 왜냐하면 어느 저녁 성경공부에 참석했는데, 그것이 용서에 관한 것이었기 때문이다. 나는 즉각 내 눈을 닫아 버렸다. 나는 숨을 들이마시고, 예전에 용서에 관한 주제가 나타날 때마다 그랬던 것처럼 기계적으로 움직이기 시작했다. 내가 거의 듣지 않고 앉아 있었을 때,

나는 성경공부에 집중할 수 없었다. 왜냐하면 내 마음은, 실제로 든 암시적으로든 과거에 있던 상처의 기나긴 목록 속으로 들어 가고 있었기 때문이었다. 나는 패롯(Parrot) 목사님이 말씀하시 는 것을 듣기 위해 몇 차례 눈을 깜빡거리기도 했지만 실제로는 이야기를 듣지 않고 있었다.

나는 눈을 크게 뜬 채로 마치 변화무쌍한 소용돌이 속에 있는 듯 느껴졌다. 그 소용돌이에는 날고 있는 사람들의 선명한 이미지 들과 내 마음 깊은 곳 어디에선가 점멸하고 있는 밝은 색들이 보 였다. 나는 그 소용돌이가 멈추기를 희망하며 내 눈을 문질렀다. 바로 그때 나는 크게 대답할 뻔했다. 나는 정신을 잃고 있다고 느껴졌고, 그때 내가 크게 소리를 쳤다면 성경공부를 하는 다른 사람들에게 그러한 느낌을 분명히 주었을 것이다. 그래서 나는 그 대답을 마음속으로만 했다.

'왜 이러세요. 하나님. 나는 중얼거렸다. 당신도 내가 그것들이 필요하다는 것을 아시잖아요. 그것들은 나를 만드는 것이에요. 나는 그것들을 지니고 있을 필요가 있어요. 그리고 결국, 아픔과 고통 없이 내가 무엇을 할 수 있습니까? 그렇다면 나는 어떤 존 재가 되는 것인가요?' 이러한 질문과 마음속의 대답은 내가 회개 하고 내 마음을 열기 전까지 다른 사람이 어떻게 생각하는지 개 의치 않고 몇 분 동안 계속되었다. 나는 고통을 느끼고 있었고, 마침내 뜨거운 눈물이 내 얼굴에서 흘러내리고 있었다.

나는 스스로 '감사합니다. 하나님!'이라고 크게 이야기하는 소리를 들었고, 상황의 진실을 천천히 깨닫기 시작했다. 그것은 내가 의지해야 할 것들이 더 이상 필요하지 않으며, 그것들은 내려놓을 필요가 있는 추가된 짐들이라는 사실이었다. 내가 눈을 떴을 때, 테이블 주변에 있던 동료들은 여전히 용서의 주제로 토의 중이었기에 내게 주의를 기울이고 있지 않음을 알았다. 나는 안도의 한숨을 쉬고 눈물을 닦은 후 대화에 참여했다.

내가 들은 것이 무엇인지 알기 원하는 사람을 위해 그것을 설명하면 간단하다. "떠나보내고 하나님께 맡겨라(Let Go and Let God). 너는 잘하고 있으며 너는 더 이상 이런 것들이 필요치 않다." 나는 스스로 생각하기에 나를 온전하게 만들고 있다고 생각하는 그런 것들을 쥐고 있었다. 그러나 사실 그것들은 나를 파편화시켰으며, 그것들이 가져오는 파괴를 보지 못하도록 했다. 그렇게 조각으로 존재하는 한 나는 결코 온전할 수 없었다. '떠나보내고 하나님께 맡겨라'는, 이후로 내 기도가 되었다. 무엇인가를 내 자신이 잡고 있다고 느낄 때마다 나는 이 사건을 기억하고 안도의 한숨을 쉰다. "떠나보내고 하나님께 맡겨라." 나는 지금 이 소리를 또 듣고 있다.

자신에게 상처 준 다른 사람을 용서하지 못하는 자신의 연약함에 대한 론다의 정직한 대면은, 이 세상이 줄 수 있는 어떤 것과도 비길 수 없는 자유로 인한 기쁨을 경험하게 했다. 세상의 어떤 염려도 얼룩지게 할 수 없는 평온과 만족을 풍성케 하는 것은 바로 이 자유이다. 세상의 어떤 장애물도 방해하지 못하는 희망과 확신을 풍성케 하는 것 또한 이 자유이다. 하나님과 내가 하나라는 형언할 길 없는 기쁨과 신뢰를 풍성하게 하는 것도 이 자유이다.

많은 사람들은 이 세상을 영적인 것과 물질적인 것으로 나누어 생각한다. 그래서 어떤 사람들은 오직 물질적인 것만이 기쁨을 가져다주는 것처럼 여기며 산다. 그러나 또 다른 사람들은 오직 영적인 것만이 인간에게 기쁨을 가져다준다고 생각한다. 영적인 문제가 자신의 삶과 별로 관련이 없다고 믿는 사람들이 첫 번째 부류에 속하며, 기독교인들은 대부분 두 번째 부류에 포함된다. 몇몇 기독교인들은 물질적인 것을 포기하는 삶을 살아야 한다고 믿는다. 물질적인 것들은 궁극적으로 악한 것으로 간주되며, 영적인 것으로 물질적인 것을 극복해야 한다고 생각한다. 불행하게도 이런 편향된 세계관에 전적으로 동의하지 않는 상당수의 기독교인조차도 실제 삶에 있어서는 여전히 이런 세계관에 영향을 받는다. 이러한 영적인 것에 대한 지나친 강조는 의무 중심의 생활과 짝지어져 그리스도인들 사이에서 형식적 태도를 형성할 수 있다. 이는 다른 사람들의 부당하긴 하지만 부분적으로는 옳다고 볼 수 있는 비판을 낳는다. 예를 들어, 멘켄(H. L. Mencken)은 청교도주의를 "아마도 어디에선가 누군가가 기뻐하고 있을지 모른다고 하는 자주 출몰하는 두려움"으로 묘사한다. 기독교인들은 기쁨이 물질적인 것에서는 발견될 수 없으며 물질적인 것 때문에 기뻐한다면 그것은 단지 쾌락을 추구하는 것에 불과하다는 견해를 갖는다. 물론 이들은 쾌락을 부정적으로 생각하고 하나님과 이웃을 사랑하는 의무를 강조한다. 그래서 기독교인들은 따분하고 재미없는 사람들로 비춰지고, 기쁘고 즐거운 일보다는 바르고 점잖은 일에 더 관심 있는 사람으로 여겨진다.

내 이전 학생이었던 조이의 경험은 이를 잘 설명해 준다. 조이는 다른 주에 살고 있는 언니 집을 방문했다. 조이와 그 언니는 같은 동네에 사는 다른 자매들과 게임을 하게 되었고, 조이는 그들과 서로 농담을 하고 장난도 치며 자유롭게 대화를 나누었다. 그동안 조이가 만나던 사람들은 대부분 조이를 목사로 알고 있었기 때문에, 조이는 그냥 평범한 사람이 된 것 같은 그 시간이 정말 즐거웠다. 그러나 모든 사람이 게임을 즐기고 있을 때, 조이의 언니가 자기도 모르게 조이가 목사라는 사실을 말해 버렸다. 그러자 애석하게도, 자기의 신분이 노출되면 어떤 일이 벌어질지를 예견하고 있던 조이의 염려대로 분위기는 완전히 돌변했다. 모든 사람이 옷차림과 자세를 가다듬고는 자유롭게 떠드는 것을 멈추었다. 농담도 사라져 버렸다. 마치 농담이라곤 전혀 하지 않았던 것처럼…. 사람들은 교회에서 있었던 일을 말하기 시작했고, 이야기의 주제와 말하는 태도는 맛깔스러운 것에서 '점잖은' 것으로 바뀌었다. 조이는 모든 사람이 그저 서로 함께 어울리고 우스꽝스럽게 농담도 주고받던, 그러나 이제는 지나가 버린 그 소중한 기쁨의 순간이 아쉽기만 했다.

현재 영적인 영역에서 기쁨을 추구하려는 것이 지배적인 우리의 행태와는 대조적으로, 예수와 기쁨과의 관계를 살펴보면,

우리가 하나님과의 관계에서뿐만 아니라 다른 피조물과의 관계에서도 기쁨을 누리기를 예수는 원하신다. 하나님의 세계는 영적인 것과 물질적인 것 모두를 포함한다. 우리와 하나님과의 친밀한 관계에서뿐만 아니라 피조 세계에 존재하는 다른 것과의 관계 속에서도 하나님은 우리가 기쁨을 얻기 원하신다. 하나님은 인간과의 관계 속에서 기쁨을 누리기 위해 인간을 창조하셨고, 하나님과 인간과의 관계 속에 더 많은 기쁨을 불어넣는 즐거움을 누리기 위해 피조 세계의 다른 것들도 창조하셨다. 그래서 우리는 영적인 것과 물질적인 것 모두에서 우리의 삶을 풍성하게 해 주는 기쁨을 누릴 필요가 있다. 우리가 영적인 세계와 물질적인 세계에 모두 충실할 때, 우리의 기쁨은 그만큼 더 풍성해질 것이다.

성향으로서의 기쁨은
기쁨과 쾌락을 누리는 것을 모두 촉진시킨다

사회적 요구는 일반적으로 쾌락(pleasure)과 기쁨 사이에서 뚜렷한 경계를 보인다. 쾌락은 나쁜 것으로 여겨지는 반면, 기쁨은 좋은 것으로 받아들여진다. 그러나 누군가가 모든 쾌락을 나쁜 것으로만 보지 않는다 하더라도, 어떻게 쾌락이 반드시 나쁜 것만은 아닌지에 대해 단지 지나가듯 언급하고는 대개 자세한 설명은 하지 않는다. 그러나 기쁨과 쾌락이 반드시 서로 반대되는 것은 아니다. 우리는 기쁨과 쾌락 중 한 가지만 느낄 때도 있지만, 기쁨과 쾌락을 동시에 느낄 때도 많다. 예를 들어 30년을 한 직장에 근무하고 퇴사하게 된 어떤 여성이 동료들에게 금시계를 선물로 받았다고 하자. 우리는 이 여성이 금시계를 선물로 받으며 기쁨과 쾌락을 동시에 느꼈을 것이라 쉽게 짐작할 수 있다. 이 여성으로서 금시계를 받는다는 것은 그것을 소유하게 되었다는 쾌락 이상의 경험이다. 물론 이제 멋진 이 금시계로 인해 쾌락을 느끼겠지만, 그 여성에게 금시계란 남들이 부러워할 만한 물건을 손에 넣었다는 것 이상의 상징적인 의미가 부여된 물건이다. 자신의 근무 연수를 마치고 퇴직하는 데서 성취감을 느꼈을 뿐만 아니라 동료들이 자신 삶의 중요한 순간에 함께해 주고 그녀가 이룬 성취를 축하해 주며 존경을 표현해 주었기에 그 금시계가 그녀에게 기쁨을 주는 것이다.

우리는 기쁨과 쾌락을 함께 느끼는 다른 예나 상황을 얼마든지 만날 수 있다. 비록 우리가 기쁨과 쾌락의 경험을 쉽게 구분할 수 없을지라도, 자세히 관찰해 보면, 우리는 기쁨과 쾌락을 함께 경험하는 것을 볼 수 있다. 예를 들면, 집 뒷마당이나 집 주변에 나무를 심을 때, 우리는 그 나무를 뒷마당이나 주변에 두게 된 기쁨과 쾌락을 동시에 느낀다. 새 차를 살 때, 새 차가 생긴 것 때문에 기뻐할 뿐만 아니라 새로운 차를 운전하면서 쾌락을 느낀다. 아픈 사람에게 음식을 가져다주고, 차가 없는 사람을 태워 주고, 이민 온 사람에게 영어를 가르쳐 주고, 다른 사람이 직업을 구할 수 있도록 도와주며, 집에 몸져누운 병자나 혹은 병원에 입원한 사람들을 방문하고, 노숙자들에게 음식을 제공하는 등 우리가 다른 사람을 도울 때, 우리는 우리가 다른 사람을 도울 수 있다는 것에 대해 그리고 그들이 받았던 도움에 감사하는 것을 보면서 기쁨과 쾌락을 함께 느낀다.

기쁨과 쾌락의 관계에 대해 우리가 바로 이해해야 할 것은 기쁨의 부족이 사람들로 하여금 지나친 쾌락에 빠져들게 한다는 주장에 관해서다. 사회와 기독교 공동체는 쾌락에 대한 지나친 쾌락주의적 몰두가 인생에서 기쁨을 경험하지 못하게 하는 이유라고 말한다. 그들은 사람들에게 우리 삶에서 쾌락과 연결된 것들을 제거하고 인생의 참된 기쁨을 누리기 위해 우리 자신을 하나님께 헌신하라고 권면한다. 쾌락을 하나님을 거역하는 삶의 방식으로 이해하는 것이다. 그러나 우리는 삶에서 기쁨을 유지하지 못하는 우리의 무능력이 우리로 하여금 쾌락에 눈을 돌리게 한다는 사실을 기억해야 한다. 게다가 내가 말하고 싶은 것은 기쁨의 부재로 생겨난 쾌락에 대한 쾌락주의적 몰두가 모두 표면상의 문제라는 점이다. 기쁨을 경험하는 능력이나 성향으로서의 기쁨 발달 능력이 부족할 때 우리는 쾌락을 경험하거나 누리지 못한다. 다시 말해, 비록 그 겉모습은 그렇지 않다고 하더라도 우리는 인생에서 기쁨과 쾌락을 누릴 수 없게 된다. 우리는 잘못된 진단을 하면서 쾌락이 우리 인생에 기쁨을 가져오지 못하게 하는 방해물이라고 비난한다. 보다 충분하게 기쁨에 있지 못하도록 하는 원인은 삶의 쾌락이 아니라 인생에서 쾌락도 기쁨도 경험하지 못하는 우리 자신이다. 쾌락을 누리고

(enjoying the pleasures) 기쁜 일을 즐거워하는 것(rejoicing in the joys)을 가로막는 것은 성향으로서의 기쁨이 부족하기 때문이다. 다시 말해, 우리가 이미 기쁜 일들을 즐거워하는 성향이 있다면 우리는 쾌락을 즐길 수 있다.

아울러 성향으로서의 기쁨이 계발되면 우리는 자신감과 활력이 생겨 기쁜 일을 즐거워하고 쾌락을 누릴 수 있게 된다. 우리에게 생명력이 없다면, 설사 모든 사람이 갖고 싶은 것이라 해도 혹은 그것이 흔치 않아 희귀한 것이라 해도, 우리는 어떤 것도 즐길 수 없다. 우리가 실제로 먹고, 이야기하고, 뛰고, 춤추는 것과 같은 활동을 하는 우리 자신의 물리적 육체를 볼 수 있음에도 우리 자신의 존재에 대해 의문을 던질 수 있다는 말이 이상하게 들릴지도 모른다. 하지만 삶에서의 확신감과 성향으로서의 기쁨이 부족하면, 우리는 우리 자신을 육체는 살아 있으나 엄밀히 말해 살아 있지 않은 존재인 좀비로 여긴다.

한 사람의 존재에 대한 확신감은 성향으로서의 기쁨이 발전할 때 견고해진다. 그 사람의 존재에 대한 확신이 견고해지면, 그 사람은 삶의 기쁨과 쾌락을 경험할 수 있다. 정기적인 식사가 우리 존재의 확신을 촉진시키는 인간의 기본적 욕구의 일부이지만, 그 동일한 식사가 쾌락과 기쁨을 창조할 수 있다. 다시 말해 한 가지의 일이 자기 확신의 욕구를 만족시키는 동시에 기쁨과 쾌락을 가져온다는 것이다. 그 사람이 여전히 삶에 확신이 필요한 수준에 있다면, 식사는 주로 확신의 필요를 채우기 위해 기능한다. 그 사람이 충분히 자기를 확신하고 있다면, 그 식사는 음식을 먹는 쾌락으로부터 만족을 채우거나 인생의 기쁨에서 생명력을 창출하도록 기능한다.

자세히 설명하면, 어떤 사람은 파스타를 먹을 때 그 음식을 즐기는 것보다 단지 음식이 제공되었다는 것에서 안도감을 경험한다. 그 사람은 지금 파스타를 먹고 있기는 있지만 무엇보다 중요한 것은 자신이 진실로 살아 있고 음식을 먹을 만큼 가치가 있다고 느끼는 것이다. 반면, 어떤 사람은 존재감을 확인하기 위한 필요를 채우고자 파스타를 먹기보다 그저 파스타를 먹는 것을 즐길 수 있다. 게다가 그 파스파에 어떤 특별한 의미가 덧붙여진다면, 음식을 먹는 쾌락뿐만 아니라 기쁨을 찾을 수 있다. 한 사람이 어떤 음식을 즐길 때 그는 음식의 맛, 향기, 색깔, 모양, 질감을 느낀다. 어떤 사람이 매주 수요일 저녁 파스타를 먹는 것이 기쁨이라고 한다면, 파스타를 먹는 경험은 기쁨의 경험이라기보다는 쾌락의 경험에 가깝다. 하지만 특별한 의미가 부여된다면, 수요일 저녁마다 파스타를 먹는 것은 쾌락과 함께 기쁨을 주는 경험이 된다. 쾌락은 모양, 맛, 향기, 감촉, 글, 예술 등의 미적 감각에서 비롯된 즐거움의 경험을 말한다면, 기쁨은 삶이 즐겁거나 동시에 그렇지 못한 것들에 의미가 부여되면서 경험하는 평안과 행복이다.

예를 들어, 한 가족이 바쁜 일정에도 서로에게 힘이 되고자 수요일마다 함께 식사하기로 의도적으로 결정한다면, 수요일 저녁마다 파스타를 먹는 것은 쾌락에 덧붙여 가족의 기쁨, 곧 가족간의 관계를 형성하는 가운데 경험되는 기쁨이 된다. 한 아내가 학대하는 남편 때문에 집을 떠나 노숙자 생활을 하게 되었는데, 한 목사가 그녀에게 매주 수요일 저녁 파스타를 제공한다면 그것은 그녀에게 기쁨이 된다. 왜냐하면 그 목사의 사랑과 돌봄이 그녀가 자신의 길을 찾는 데 얼마나 큰 도움을 주었는지를 기억하기 때문이다.

따라서 우리 인생에서 기쁨의 부재를 일으킨 장본인은 쾌락이 아니라 우리 자신이다. 쾌락은 우리 삶에서 좋은 것이 될 수 있다. 음식과 음료는 우리에게 쾌락을 가져다준다. 꽃, 극본, 예술작품 그리고 사람들의 아름다움은 삶에서 다른 것들을 잊게 할 수 있다. 좋은 음식, 예쁜 꽃, 아이들의 아름다운 향기는 우리에게 쾌락을 가져올 수 있다. 모차르트 음악, 쇼팽의 피아노 작품, 루이 암스트롱의 재즈 노래 그리고 아기가 내뱉는 첫 말이 갖는 아름다움은 우리에게 모두 쾌락을 준다. 비단의 부드럽고 광택 나는 감촉, 나무 껍질의 거친 감촉, 부드럽게 젖은 개의 코, 생명으로 가득한 아이의 피부는 확실히 삶의 행복을 가져온다. 카드 놀이, 탁구, 테니스, 축구, 라크로스 그리고 미식축구와 같은 활동도 삶에 즐거움을 준다. 웨이브 보드, 아이스 박스, 전자기기 그리고 흔치 않은 책을 소유하는 것 또한 우리에게 쾌락을 가져온다.

쾌락은 우리 삶을 보다 재미있고 흥미롭게 한다. 그러므로 우리 자신의 문제에 대한 비난을 쾌락에 돌리려고 해서는 안 된다. 인생에서 쾌락을 잘못 사용하는 것은 우리가 삶의 안전감에 대한 확신을 얻는 데 지나치게 사로 잡혀 있어 인생에 의미를 부여하지 못하기 때문이다. 쾌락은 기쁨을 가져오지 못하도록 우리를 방해하고, 또 그것에 빠져들도록 잡아당기는 힘이 아니다. 즐거운 일들을 악용하여 그것들을 쓸모없는 어떤 것으로 만드는 것은, 우리가 우리 자신의 존재에 확신을 주는 가장 기본적 필요를 채우지 못하기 때문이다. 우리는 먹고 또 먹는다. 우리는 마시고 또 마신다. 우리는 구입하고 또 구입한다. 누가 더 많이 먹고, 더 많이 마시고, 더 많이 구입하는가와 같이 겉으로 보이는 경쟁에 몰입하려는 특성이 쉬운 목표로서 쾌락거리를 무수히 만든다.

이렇게 쾌락거리에 쉽게 집착하는 경향은 우리가 지나치게 쾌락을 즐기는 원인으로 지적된다. 그러나 사실은 우리가 그것들을 즐길 수 없기 때문에 그것에 집착하게 되는 것이다. 우리가 쾌락을 주는 것들을 그것 자체로 보지 못하는 것은 우리 존재의 지지와 확신에 대한 필요 때문이다. 그것들은 사람들에게 안전감을 제공하는 담요 정도로 볼 수 있다. 그러나 불행하게도 그것들은 비효과적이고 쓸모없다. 그것들은 실제로 삶의 지속적인 안전감을 가져오지 못한다. 예를 들어, 우리는 오늘 음식과 음료를 지나치게 많이 소비하는 것처럼 보인다고 해도, 그와 같은 소비는 음식의 쾌락에 대한 우리의 중독을 의미하는 것이 아니라 바로 우리가 자신의 존재에 대한 지속적 지지와 확신의 필요에 심히 중독되었음을 보여 주는 것이다.

이러한 논의가 설득력이 없어 보일지 모른다. 만약 당신이 피자 세 판과 커피 아이스크림 1리터 혹은 초콜릿맛 막대 아이스

크림 여섯 개를 소다 캔 여섯 병과 함께 먹고 있는 여성을 본다면, 당신은 즉각 '얼마나 이 여인이 먹는 것을 사랑하고 음식을 즐기는가!'라고 생각할지 모른다. 그러나 나는 그녀가 두 가지 이유에서 그렇게 많이 먹는 것이라고 생각한다. 먼저 그녀는 먹는 것으로 그녀 자신의 존재의 빈 곳을 채우려 하고 있다. 그녀는 자신의 존재를 확인받아야 하는 욕구가 결코 먹는 것으로 채워질 수 없다는 것을 알지 못하기 때문에 계속 먹는다. 둘째, 그녀는 자신이 먹고 있는 음식에서 쾌락을 경험할 수 없고, 그녀가 좋아하는 음식을 먹는 데서 오는 쾌락에 결코 만족해하지 못한다. 다시 말해, 그녀가 음식을 먹는 것에서 쾌락을 누릴 수 있다면 그녀는 어느 정도에서는 먹기를 중단하고 만족했을 것이다. 그러나 그렇게 하지 못한 이유는, 그녀가 그 음식에서 쾌락을 느낄 수 없었기 때문이다. 그녀는 두 가지에 묶여 있다. 그것은 마치 바닥없는 항아리에 물을 쏟아 붓는 것과 같다. 하지만 그녀는 밑바닥 없는 항아리에 물을 붓고 있다는 사실을 알지 못한다.

우리 자신이 쾌락에 갇혀 있다는 일반적인 믿음과는 반대로 우리 중 많은 이들이 삶에서 확신감과 안전감을 느끼기 위해 노력한다. 우리 중 많은 이들이 충분히 기쁨의 삶을 영위하지 못할 뿐 아니라 삶의 좋은 것을 누리지 못하고 있다. 쾌락거리에 대한 지나친 집착은 우리가 쾌락의 노예가 되었다는 의미가 아니라, 우리에게 우리 자신의 존재에 대한 확신이 결여되어 있으며 또한 성향으로서의 기쁨이 계발되지 못한 탓에 그것들을 그것 자체로 즐길 수 없거나 기뻐할 의미를 발견하지 못했다는 사실을 의미한다. 자기 확신의 기본적 욕구가 충족되면, 평범한 일상생활을 즐길 수 있고 그 가운데 기쁨의 의미를 발견할 수 있다. 더불어 쾌락이 주는 것의 오용을 멈추고, 건전한 쾌락을 포기함으로써 우리 자신과 자원을 다른 사람의 기쁨을 위해 기꺼이 내어 주기도 한다. 성향으로서의 기쁨을 발전시키면 우리는 쾌락뿐만 아니라 기쁨을 경험할 수 있다. 그렇지 못하면, 우리는 쾌락을 그것 자체로 즐기지 못하게 되고 그것에 심히 집착하게 된다. 기쁨을 경험하는 능력의 부재는 확신의 필요를 만족시키기 위해 쾌락으로 눈을 돌리게 한다. 반면 기쁨의 공유는 확신의 필요를 채워 주고 성향으로서의 기쁨을 발전시킨다.

기쁨은 개인적인 경험인 동시에 공동체적인 경험이기도 하다

기쁨은 종종 혼자 느끼기도 하지만 일반적으로는 공동체적인 경험이기도 하다. 기쁨은 전염성이 있어 그 사람에게서 끝나는 것이 아니라 다른 사람에게로 빠르게 확산된다. 예를 들어보자. 어떤 여성이 2년 동안에 15킬로그램의 체중을 감량했을 때, 비록 체중을 줄이는 과정에서 힘들고 어려운 순간도 있었겠지만 그 여성은 아마 그 가운데 기쁨을 경험했을 것이다. 체중이 줄어드는 데서 오는 유익을 맛보는 동안, 그 여성은 종종 가족과 친구 그리고 동료와 함께 그 기쁨을 나누었을 것이다. 수치심과 달리 우리는 기쁨을 쉽사리 다른 사람들, 특히 친한 사람들과 함께 나눈다. 사실 기쁨은 다른 사람들과 함께 나눌 때 배가 된다.

우리는 일반적으로 사랑하는 사람들과 기쁨을 함께 나누지만 낯선 사람들, 심지어는 전에 만나 본 적도 없고 이야기를 나누어 본 적도 없는 사람들과도 나눈다. 예를 들면, 전 유엔 사무총장이었던 코피 아난(Kofi Annan)과 제프리 삭스(Jeffrey D. Sachs)가 유엔 천년 프로젝트(UN Millennium Project)를 진행했을 때, 전 세계 사람들은 그들을 한 번도 만나본 적이 없었지만 유엔이 세계의 가난을 끝내려고 전념하는 데서 오는 기쁨에 함께 동참하고자 했다. 가난은 악이라는 생각과 세계의 가난을 끝내야 한다는 포부를 공유하고 있었기 때문에, 그들도 그 기쁨에 함께했던 것이다. 그래서 세계의 가난 문제를 다루는 데서 오는 삭스의 개인적인 기쁨은 많은 사람의 관심 사업이 되었고, 그들이 그 사업에 직·간접적으로 동참함으로 세계의 가난을 끝내려는 희망 가운데 솟아나는 기쁨을 함께 맛볼 수 있었다.

기쁨이 개인적인 것일 뿐만 아니라 공동체적인 경험이라는 것은 고난을 겪는 상황에서 더욱 명확해진다. 좀 이상하게 들릴지 모르겠지만, 예수께서 말씀하셨듯이 우리는 고난 중에서도 기쁨을 경험할 수 있다(마 5:11-12). 특별히 절망을 느낄 정도로 고난 중에 있는 사람이 그 고난의 깊이와 범위를 충분히 이해하고 그 상황에서 자신을 도와주려는 누군가를 만났을 때 그런 경험을 한다. 고통과 고난을 경험하는 것은 매우 외로운 일이지만, 그것을 다른 사람과 함께할 때 비록 고통과 고난의 현실과 그것의 압박에서 벗어나지는 못한다고 할지라도, 고통과 고난이 차지하고 있던 마음의 자리에 기쁨이 들어와 있음을 경험한다. 홀로 고난과 고통의 문제와 씨름해야 하는 사람은 탈진하고 넘어지지만, 누군가가 그 고통스러운 상황을 이해하고 그 사람과 더불어 그것들과 씨름해 준다면, 그는 더 이상 그런 것들 때문에 넘어지지 않는다.

다른 사람들이 어떤 사람의 고난을 깊이 이해하고 그 고난에 기꺼이 참여해 주는 것은 그 사람으로 하여금 절망스러운 상황에서 희망을 발견하게 하고, 견딜 수 없는 것들을 견딜 수 있게 도와준다. 고난의 상황에 참여하여 그가 거기서 빠져나오는 일에 함께 동참해 주는 사람들 때문에, 역설적이지만 그는 기쁨을 느낀다. 기쁨은 종종 좋은 결과와 연관되어 있다. 그러나 고난의 상황 속에서 느끼는 기쁨은 바람직한 결과와 관련되어 있는 것은 아니다. 이런 경우의 기쁨은 바라던 목표를 이루었거나 좋아하는 멋진 것을 얻은 데서 올 수도 있지만 사실, 상황이 호전되지 않는다고 할지라도 기쁨을 느낄 수 있다. 왜냐하면 그가 받은 부당한 행위가 다른 사람과 함께 공유되었고, 있는 그대로 인정되었기 때문이다. 서로 간의 상호 인정과 지지는 부당한 행위로 한 사람이 경험하는 자기 자신의 존재에 대한 의심을 막을 수 있다. 이러한 상황에서의 기쁨은 인간에게 가장 중요한 것 중의 하나, 즉 '나'라는 존재의 가치를 다른 사람에게 객관적으로 인정받는 것과 관련된다.

사람들이 누군가의 고통과 고난을 소홀하게 취급하는 것은 참 불행한 일이다. 그들은 그런 큰 짐과 같은 고난을 접하는 것에 무력감을 느낀다. 심지어 그 고난이 심기를 건드리는 것조차도 싫어한다. 그러나 누군가가 십자가에 못 박히는 것 같은 고통을 이해해 줄 때, 고난 중에 있는 그 사람은 너무 지독해서 말로 표현할 수 없을 정도의 고난을 경험하는 중에도 견고해진다. 다른 이들이 그를 합당하게 인정해 주고 또 그를 그 고난에서 건져 내기 위해 적극적으로 도와줄 때, 그는 자신의 삶이 가치 있다는 것을 느낀다. 그리고 고난과 고통으로 퇴색했던 존엄성을 되찾고 기쁨을 경험한다. 더욱이 그는 다른 이들의 지지에 대한 기쁨으로 즐거워하거나 뭔가 소중한 것으로 받아들인다. 왜냐하면 그를 두렵게 만들고 황폐화하는 고난의 경험이 그의 가치를 깎아내리는 메시지를 주입하지만, 이제 그 지지로 인해 그가 그 자신과 다른 사람들에게 가치 있는 존재라는 사실을 재발견하기 때문이다.

가상적이기는 하지만 그럼에도 현실적인, 다음과 같은 상황에서 이런 종류의 기쁨을 또한 찾아볼 수 있다. 오래된 아파트를 호화 아파트 단지로 바꾸려는 도시 계획으로 어떤 사람이 자신이 살던 아파트를 잃게 되었다고 하자. 그는 다른 집을 구할 능력이 없었기 때문에 마치 땅이 꺼진 것같이 망연자실했다. 그러나 어떤 사람 혹은 단체가 그가 부당하게 대우받았다는 것을 발견하고 그것을 바로잡기 위해 행동하면, 비록 그것이 미미한 것일지라도, 그는 기쁨과 희망을 갖게 된다. 어쩌면 최상의 해

결책이 주어지지 않을 수 있지만 사실 그에게는 그것이 그렇게 중요하지 않다. 왜냐하면 다른 사람들이 그의 어려운 상황을 지적으로 이해해 줄 뿐만 아니라 얼마나 불공정한 대우를 받았는지에 대해서도 정서적으로도 깊이 개입함으로 그가 전적으로 무너지거나 넘어지지 않았기 때문이다. 그래서 비록 그가 집을 잃었다고 할지라도 그는 스스로에 대한 존엄성을 잃지 않는다. 세상이 그를 집을 잃어도 괜찮은 별 볼일 없는 사람으로 취급하지 않는다는 사실에 위로를 받는다. 그렇지 않았더라면, 그는 아마 이 세상에 존재할 가치도 없는 사람이라고 여겼을지도 모른다. 분노, 절망, 염려와 같은 정서도 느끼겠지만 이와 같은 상황에서 기쁨은 자존감과 존재의 가치를 유지하기 위해 아주 소중한 경험이 된다. 세계 여러 나라의 많은 사람이 미국 남부 해안, 특히 루이지애나 주를 강타한 허리케인 카트리나의 희생자들을 돕기 위해 온 힘을 쏟았을 때, 우리는 의미 있는 존재 가치에서 비롯되는 이런 종류의 기쁨을 목격할 수 있다. 많은 희생자들이 가족과 쾌적한 집, 가족의 소중한 물건과 기억들을 잃었지만 다른 알지 못하는 이들의 도움으로 자신의 소유의 일부분과 집을 그저 살 만한 수준으로 회복하고 되찾게 된 것에 대해 얼마나 즐거워했는지를 다양한 방송 뉴스와 프로그램을 통해 본 적이 있다.

기쁨은 반응인 동시에
동기부여이다(예측된 기쁨)

지금까지 언급했던 기쁨은, 물론 다양한 방법으로 표현되었지만, 다양한 사건에 대한 반응으로서의 기쁨이었다. 어떤 사람은 사물, 사람 혹은 상황 즉 아름다운 자연과 자녀들, 낚시 또는 스키 동료, 직업 또는 가족여행과 같은 것에 감사할 때 기쁨을 느낀다. 동시에 칭찬, 감사노트나 말, 선물, 보상, 깜짝파티 등과 같은 것에 의해 인정받을 때 기쁨을 경험한다. 그는 또한 좋은 시계, 전자기기, 아름다운 그림과 같은 것을 얻게 되거나 새 친구, 새 취미 클럽 등과 같이 새로운 관계를 시작할 때 기쁨을 맛본다. 더불어 테이블을 만든다거나, 학교를 졸업한다거나, 아기가 걷고 말하는 것과 같이 다양한 발달 단계를 거친다거나, 성공적으로 일한다거나, 수년간의 알코올과 약물 중독에서 벗어나거나 신뢰할 만한 좋은 관계를 맺었을 때 사람들은 기쁨을 경험한다. 또한 어떤 사람에게 도움을 받았을 때 그리고 다른 사람들을 도와줄 때 사람은 기쁨을 느낀다. 어떤 사람이 곤경에 처했을 때 그를 돕는 것은 큰 위로를 제공하는 일인 동시에, 다른 사람이 어려운 상황과 고통받는 환경을 극복할 수 있도록 돕는 것은 신나는 일이다. 마지막으로, 깨진 관계가 회복될 때 사람은 기쁨을 경험한다. 어떤 사람이 자신이 잘못 대했던 누군가에게 미안하다고 말하며 사과할 수 있을 때, 혹은 자신을 잘못 대했던 누군가에게 사과를 받게 되었을 때 사람들은 의미 있는 관계로 연결되었다는 사실에 기쁨을 경험한다. 게다가 사람은 하나님과 궁극적인 관계를 발견할 때 기쁨을 경험한다. 자신의 죄와 죄성에 대해 용서를 구한 후 하나님과의 회복된 관계에 확신을 갖게 되면 사람들은 기쁨을 경험한다. 이러한 모든 기쁨의 경험은 기쁨이 주로 반응의 경험임을 보여 준다. 다시 말해, 다양한 상황 속에서 어떤 사물과 사람과의 경험을 갖게 되면서 또는 갖게 된 이후에 기쁨을 경험한다.

기쁨은 그것을 경험하는 사람에 의해 주변 사람에게도 공유된다. 예를 들어, 어떤 사람이 깨진 관계를 회복하거나 성공적으로 알코올 중독 프로그램을 수료했을 때 또 대학을 졸업하고 새로운 직업을 얻었을 때, 자동차 면허증을 획득했거나 은퇴 후에 아프리카로 여행을 가게 되었을 때 보통 기쁨을 느낀다. 그런데 보다 중요한 것은, 기쁨은 사람들을 자극하여 어떤 좋은 것을 성취하고 좋은 관계로 발전시키기 위해 곤경에 처한 사람들을 돕도록 동기 부여를 한다는 점이다. 기쁨은 동기를 부여하는 힘이다. 사람들은 앞으로 오게 될 기쁨을 기대하며 어떤 사물, 사람 혹은 상황에 헌신할 수 있다. 위에서 언급한 것처럼, 어려움에 처한 사람들을 돕는 것에서 오는 기쁨은 동기를 부여하는 힘으로서의 기쁨의 대표적인 예이다. 기쁨이 어떤 사람의 성취의 결과이지만, 기쁨은 또한 어떤 성취와 대의를 위해 사람들을 헌신하도록 만드는 대표적인 자극제이다. 예를 들어, 아이를 갖는 기쁨은 많은 부모가 그들의 아이를 돌보는 데 헌신하도록 한다. 혹 몇몇 부모는 부모로서의 의무를 위해 움직인다고 하더라도, 책임적이고 사랑 많은 부모가 됨으로 경험되는 기쁨에 의해 동기가 부여되는 부모를 찾는 일은 어렵지 않다. 다른 사람에게 더욱 편리한 물건을 제공함으로 얻게 되는 기쁨은 발명가로 하여금 혁신적인 생각과 새로운 제품을 찾아내게 한다. 어린 학생들이 한 사회의 좋은 구성원이 되도록 돕는 기쁨은, 비록 불균형인 재정적 보상과 교육 업무의 심한 정서적 부담에도 교사들이 가르치는 일에 더욱 전념하게 한다.

이러한 예로 기쁨의 영성 수업을 들었던 내 제자 웨인 스택하우스(Wayne R. Stackhouse)를 들 수 있다. 그는 학생들을 위한 좋은 교사가 되고자 했다. 그들이 좋은 선택을 하도록 돕고, 어떤 장애물이 있어도 그들의 잠재력을 실현하도록 돕는 데서 웨인은 기쁨을 느꼈다. 그는 다음과 같이 자신의 기쁨의 경험을 나누었다.

나는 십 년 동안 교사라는 멋진 세계에 있었다. 전문 미식축구 선수가 되고 싶어 몇 번 시도했지만 초등 교육학과 학위를 써 먹어야 할 때가 왔다고 생각했다. 그 여행은 몇 번의 기복이 있었지만 나는 몹시 그 일을 즐겼다. 젊은 사람들이 사회에서 생산적인 시민이 되도록 도울 수 있다는 것은 내게 기쁨이었다. 그러나 그 일은 항상 쉽지 않았다.

내게 배정되었던 첫 두 수업이 기억난다. 하나는 7학년 수업이었고, 다른 하나는 8학년 수업이었다. 두 그룹 모두 각각의 학년에서 가장 낮은 학업 성취도를 보이고 있고, 행동 장애를 가진 학생들로 대부분 이루어져 있다고 관계자는 나에게 주의를 주었다. 기본적으로 내가 월급을 받을 만큼 톡톡히 일하게 될 것이라고 말하고 있는 것이었다. 첫날부터 일종의 전쟁이 시작되었다. 내가 개선책을 연구하지 않으면 서로 간에 힘 겨루기가 있을 것이 분명했다. 나는 단지 내가 최선을 다하고 있다는 것을 보여줄 수 있을 뿐이었다. 그들은 계속 나를 힘들게 했지만 결과적으로 나는 그들의 존경과 신뢰를 얻었다.

내가 맡은 학생들에게 삶이란 가혹한 것이었다. 몇몇은 무시당했고, 정신적 혹은 육체적으로 학대받았다. 부임 첫 해에 나는 산후우울증을 앓고 있는 젊은 여성을 만났다. 한 학생은 그때 임신 중이었다. 내가 방정식을 가르치기 위해 시간을 들이는 만큼, 나는 그들이 인생을 준비할 수 있도록 힘을 쏟아야 한다는 것을 깨달았다. 하루는 끔찍한 사건이 이웃에서 일어났고 내 마음은 무거웠다. 그래서 그들 또한 그럴 것이라고 생각했다. 정기 수업을 하는 대신 '선택'에 대해 토의하게 했다. 나는 삶에서 내가 경험한 비극과 승리를 그들과 함께 공유했다. 그들도 똑같이 했다. 교실은 거룩한 장소가 되었다. 우리는 모두 확실해졌고 수업이 끝나기 전에 모든 사람은 눈물을 흘렸다.

세월은 흘렀지만 그 첫 해를 나는 늘 잊지 못한다. 그 이후 내 학생 중에 두 명은 이 세상을 떠났고, 몇몇은 감옥에 갔다. 그러나 대부분은 긍정적인 진보를 나타냈다. 때때로 그 학생들을 우연히 만났는데, 그들이 나를 반길 때 나는 더 잘하려고 노력하는 아이의 사랑을 여전히 느낄 수 있었다. 나는 그들에게 삶에

대한 열정을 느낀다. 대개 그들은 내게 "고맙습니다."라고 말
한다. 그때 나는 눈물을 참으려고 노력한다. 그들이 내게 했던
바로 그 한마디가 내가 여전히 교사를 하는 이유이다.

웨인의 경우처럼 사람들은 어려운 상황에서도 어떤 일에 헌
신한다. 왜냐하면 주도적으로 자신을 헌신함으로 기쁨을 느낄
수 있다고 생각하기 때문이다. 그들은 자신의 주도적인 헌신을
통해 다른 사람이 기쁨을 경험할 것을 기대한다. 또한 그 예상
된 다른 이의 기쁨이 자신의 기쁨과 함께 배가 될 것이라 생각
한다. 가난의 원인에 대해 연구하는 삭스와 모든 사람의 번영과
행복을 증진하고자 노력하는 오프라는 좋은 본보기가 된다. 인
도 콜카타에서 병들어 죽어 가는 가난한 사람들을 돌보는 마더
테레사와 캐나다 토론토의 데이브레이크(Daybreak)라 불리는 라
르쉬 공동체에서 발달장애인과 정신장애인을 돌보고 그들과 교
류했던 헨리 나우웬 또한 좋은 예이다.

이들은 다른 사람들, 많은 경우에는 심지어 자신의 가족들에
게도 소외된 사람들을 위한 기쁨의 대리인이 되었다. 예수의 제
자들과 1세기 기독교인들은 또 다른 좋은 본보기다. 이들은 로
마 당국의 핍박, 심지어는 죽음의 상황에서도 예수 그리스도의
고난에 동참하는 기쁨을 맛보았다. 사도 바울이 정확히 말했듯
이, 우리는 환난 중에도 즐거워하나니 이는 환난은 인내를, 인내
는 연단을, 연단은 소망을 이루기 때문이다(롬 5:3-4). 그리고 우
리는 말할 수 없는 영광스러운 즐거움으로 기뻐한다(벧전 1:8).

기쁨은 일방적일 수도(부당한 기쁨)
그리고 상호적일 수도 있다(공정한 기쁨)

앞에서도 언급했듯이 기쁨은 무엇인가를 성취했을 때 혹은 상황이 호전되었을 때 나타난다. 예를 들면, 45세로 아직 미혼인 에이미는 광장공포증(廣場恐怖症)에 시달리고 있다. 사람들을 만나는 것, 심지어는 집 밖에 나가는 것조차 힘들어서 직장에 다니지 못한다. 이와 유사하게, 30대 초반의 데이브는 불안 공황 장애를 경험했다. 에이미와 데이브는 직업을 갖거나 유지할 수 없었고, 이로 인해 항상 경제적으로 넉넉지 못했다. 이 모든 것은 그들 자신의 심리적 기능에 대해 충분한 신뢰를 갖고 주변 환경을 수용하지 못하는 심리적 연약함 때문에 발생했다. 그러나 마침내 그들은 자신의 심리 내적 구속에서 벗어날 수 있었고, 자신들의 문제에서 해방된 기쁨을 맛볼 수 있었다. 또 다른 예로, 과테말라 소년인 칼로스는 축구에 대한 재능으로 전액장학금을 주면서까지 그를 데려가려는 대학에 들어가는 기쁨을 누렸다. 그의 기쁨은 많은 다른 상황에서 맛볼 수 있는 기쁨을 능가하는 것이었다. 50대 초반의 한 독신녀는 그동안 큰 회사의 매니저로 꽤 많은 액수의 월급을 받았는데 이번에는 승진하여 더 높은 월급을 받는 기쁨을 누렸다.

삶에서 뭔가를 성취했을 때 우리는 기쁨을 경험한다. 그러나 우리가 주고받는 일에서 어떻게 기쁨을 경험하는지 주목하는 것이 필요하다. 기쁨은 누군가의 상황을 좋게 만들어 준 어떤 방법이 본질상 이기적이었는지 아니었는지를 묻지 않는다. 예를 들면, 오프라(Oprah)는 허리케인 카트리나(Katrina) 참사로 황폐해진 루이지애나 지역을 복구하는 데 참여한 사람들 중 선택된 사람들에게 자동차와 다른 좋은 물건을 나누어 줌으로써 기쁨을 주었다. 또 오프라는 남아프리카에서 공부를 잘하는 여학생들을 위해 학교를 세워 줌으로써 기쁨을 그들에게 나누어 주었는데, 이 또한 전혀 상상도 못했던 뭔가를 받게 되는 사람들이 느끼는 기쁨에 대한 좋은 예다. 오프라가 아량을 베풂으로써 많은 사람에게 기쁨을 준다는 사실은 더 이상 말할 나위가 없다. 그리고 그런 행동은 마땅히 그녀 자신에게도 충만함과 기쁨을 가져다준다. 이런 상황은, 말하자면 양쪽 모두에게 기쁨을 준다.

반대로, 아프리카와 아프리카 사람에 대한 어떤 사람들의 태도는 자기 자신에게는 기쁨이 되지만 그 사람들에게는 그렇지 못하다. 예를 들어보자. 아프리카의 경제·사회적 상황은 그 땅 사람들에게 사랑하는 사람의 목숨을 앗아가는 것을 비롯해 이루 말할 수 없는 고통을 준다. 어떤 아프리카 지역에서는 많은 부모들이 질병과 영양실조로 자식을 잃는다. 아울러 많은 아이들은 에이즈나 말라리아와 같은 치명적인 질병으로 부모를 잃고 고아로 전락한다. 세계적으로 유명한 경제학자이자 세계의 가난을 끊기 위해 열정과 실천으로 유명한 제프리 삭스(Jeffrey Sachs)의 말에 따르면, 극심한 가난에 시달리는 나라를 통찰력 있게 분석한 결과가 보여 주는 것은 그들이 겪는 고난은 환경적인 요인들 즉 위치, 기후 그리고 그 지역의 지리적 구성 등의 외부적 요인에 기인한다는 점이다. 그러나 다른 이들은 아프리카의 문제는 아프리카인의 내적 자원 부족에서 기인한다고 말하는데 직업 윤리의 부족, 주변 환경을 통제하는 데 필요한 지적 능력이나 교육의 부족, 에이즈 확산을 막는 데 필요한 윤리 규약의 부족, 자녀들이 위험에 빠지거나 희생되는 것을 방지하도록 하는 부모의 사랑이나 윤리적 훈련의 부족, 청결을 유지하는 의식 부족 등이 바로 그런 것이라고 지적한다.

어떤 이들은 비난과 심한 분노로 아프리카 사람들을 향해 경멸하는 태도를 보인다. 사실 그들은 같은 인간인 아프리카인의 권리와 존엄성을 인정하기는커녕 통상 법규나 규정을 어긴 것에 대해 일말의 가책 없이 이들을 착취하면서 소중한 자원을 앗아가고 있다. 그들은 다이아몬드와 같은 천연자원을 착취하면서 막대한 이득을 얻는 쾌락을 누리지만 이런 이득은 기만과 강탈, 심지어는 현대판 노예 제도와 같은 것을 기반으로 한다. 이런 상황에서는 분명히 양자가 서로 기쁨을 맛보지 못하고 기쁨-절망의 상황을 만들어 낸다. 이런 상황을 만들고 이용하고 있는 쪽은 기쁨을 맛보지만 이 상황을 수용하며 착취를 당하는 쪽은 점점 더 악화된 상황을 맞이하며 절망한다. 비윤리적인 이득으로 기쁨을 누리는 상황은 미국에서도 볼 수 있는데, 일단의 사업가들은 눈앞의 이익을 위해 환경을 파괴하고 자신들 주머니에 쌓여 가는 금싸라기로 인해 기쁨의 미소를 짓는다. 하지만 이들은 현재와 특히 미래의 세대들에게 고통과 절망, 건강의 위협을 안겨 준다. 이 경우 기쁨은 일방적인 것이요, 상호적인 것이 아니다. 나는 이런 일방적인 기쁨을 부당한 기쁨이라 부르며, 상호적인 기쁨을 공정한 기쁨이라 부른다.

기쁨은 일시적이기도 하고
지속적이기도 하다

때때로 기쁨은 당연히 지속적인 것으로 간주된다. 일반적으로 우리는 같은 사람, 같은 물건, 같은 상황에 대해 하루, 한 달, 일년 혹은 수년 동안 기쁨을 지속한다. 이런 이유로 직업, 배우자 또는 취미에 대해, 우리가 맺는 것들과의 관계가 본질적으로 변하지 않는 한 오랜 기간 기쁨을 느낀다. 그러나 배우자가 삶에 커다란 실망을 안겨 주었을 때는 그것에서부터 오는 기쁨이 사라진다. 그렇지 않다면, 비록 짜릿함이 처음 시작할 때처럼 강하지는 않지만 배우자와 삶을 함께하는 기쁨은 지속된다. 일하는 데 좋았던 상황이 악화되지 않는 한, 즉 유능하고 지도력 있는 상사가 무능하고 야비한 상사로 교체된다든지, 혹은 미칠 정도로 짜증나게 만드는 동료가 새로 들어온다든지, 혹은 회사가 조직을 개편하면서 원치 않던 책임을 대폭 떠맡게 되었다든지 등의 일이 일어나지 않는 한 우리는 계속해서 일을 통해 기쁨을 느낀다.

그러나 일시적이고 성급한 기쁨도 심심치 않게 볼 수 있다.

어떤 사람은 승진에 대한 희망으로 한때 기쁨을 느끼지만 또 다른 때에는 새로 맡은 직책을 잘 감당할 수 없을지도 모른다는 두려움을 느낀다. 이 경우에 이 사람은 '새로운 직책을 감당할 만큼 유능하다고 느낄 수 있느냐, 없느냐'에 따라 기쁨과 두려움 사이를 오가게 된다. 비슷한 경우의 예를 들면, 32세의 독신인 제인은 그녀의 친구에게 테드를 소개받고 매우 흥분했다. 테드는 매우 유쾌한 사람이었고, 제인과도 공통점이 많았다. 여행을 좋아하고, 가정을 꾸미기를 원하며, 노숙자에게 음식을 제공하거나 해비타트 운동에 동참해서 집을 짓는 등의 좋은 취지를 가진 일에 봉사하고 싶어 했다. 제인은 테드를 만나고 공통된 관심사를 나누면서 즉시 기쁨을 느꼈고, 두세 번 만난 뒤에는 결혼에 대한 구체적인 계획까지 생각했다. 그러나 네 번째 만남에서 테드가 부모와 대학에 다니는 동생을 돌보고 있다는 사실을 알았을 때, 그녀는 마음을 바꾸었고 테드와 서로 잘살 수 있을지 심각하게 고민했다. 제인이 테드와의 관계에서 기쁨을 느꼈다가 의심으로 바뀐 것은 마치 롤러코스터를 탄 것과 비슷한 경우였다.

예수께서는 씨 뿌리는 자의 비유를 통해 이런 성급한 기쁨에 대해 말씀하셨다. 예수는 사람들이 하나님의 말씀에 어떻게 응답하는지에 관해 네 가지의 모습을 제시하셨다. 하나님의 말씀을 의미하는 씨들이 길가, 돌밭, 가시떨기 그리고 좋은 땅에 떨어진 것으로 묘사하셨다. 돌밭에 떨어진 씨들은 뿌리를 내릴 수 있는 충분한 깊이의 흙이 없어서 곧 싹이 났지만 해가 나자 곧

말라 버렸다. 예수께서는 이들을 하나님의 말씀을 듣고 곧 기쁨을 느끼지만 뿌리를 충분히 뻗치지 못해 삶에 어려움이 닥쳤을 때 곧 넘어지는 자라고 설명하셨다(마 13:20-21; 막 4:16; 눅 8:13). 이들은 예수의 기적을 보고 말씀을 들은 뒤 즉시 흥분된 마음에 예수와 그의 사역에 금방이라도 헌신할 것처럼 행동했지만, 예수를 따르는 대가를 치러야 할 순간 이들은 곧바로 예수의 제자가 되겠다는 헌신을 포기했다. 이런 식으로 그들의 성급한 기쁨은 곧 실망으로 변했다.

예수의 제자들의 경우, 이들이 하나님의 말씀을 성급한 기쁨으로 받은 자들과 같다고는 할 수 없지만, 그럼에도 이들은 여전히 예수의 제자로 처음에 지녔던 기쁨을 유지하지 못했다. 예수는 지도자와 메시아로서뿐만 아니라 능력과 임무를 부여하시는 자로서 제자들에게 기쁨을 가져다주셨다. 그러나 예수가 체포되자마자 베드로를 비롯한 제자들은 예수를 기쁨의 근원이 아니라 두려움의 근원으로 여겼다. 예수가 죄를 용서하고 많은 사람을 치유하고 귀신과 더러운 영을 쫓아내어 군중들이 예수를 따르며 찾아다니던 그 시절에는 제자들이 예수와 함께 있는 것을 기쁘게 여겼지만, 예수가 체포되자마자 그들은 예수와 함께 있는 기쁨을 잃어 버렸다. 예수의 제자됨을 자랑스럽게 여기기보다는 자신들의 목숨을 잃을까 봐 염려했던 것이다. 예수께서 자신이 체포되고 그들이 배신할 것에 대해 미리 경고하고 예언하셨을 뿐만 아니라(막 8:31; 마 17:22-23; 막 9:30-32; 눅 9:43-45; 마 20:17-19; 막 10:32-34; 눅 18:31-34) 그들의 슬픔이 곧 기쁨으로 바뀔 것이라고 미리 언질해 주셨음에도 이런 일이 일어났다(요 16:20-22). 그들은 예수의 제자가 된 기쁨을 지속할 수 없었다.

기쁨은 사람마다
다르게 경험된다

우리는 기쁨에 대해 일반화해서 말하지만 같은 상황에 대해 사람들의 반응은 제각각이다. 예를 들면, 일반적으로 사람들은 새로운 친구를 사귀고, 결혼하며, 아이를 낳거나 혹은 입양하고, 상을 받고, 승진을 하면서 기쁨을 느낀다. 그러나 똑같은 상황에서 어떤 사람들은 기쁨을 느끼지 못할 수도 있다. 일반적으로 사람들이 어떤 상황에서 기뻐할 것이라고 예상할 수 있지만, 틀림없이 그 상황에서 모든 사람이 전부 기뻐할 것이라고 기대할 수는 없다. 또한 같은 상황일 경우에 사람들이 같은 수준으로 기뻐할 것이라고 기대하는 것도 어렵다. 기쁨이라는 감정을 접근하는 데 있어 사람에 따라 정도의 차이는 있다. 동일한 상황에서 기쁨을 표현하는 정도와 강도는 개인에 따라 크게 다를 수 있다. 이러한 차이는 성향으로서의 기쁨의 발달 단계의 차이에서 비롯된다.

달리 말하면, 우리가 같은 상황에 놓여 있더라도 '기쁨을 경험하는 능력'이라는 측면에서 보면 저마다 다른 위치에 있다. 성향으로서의 기쁨 발달 단계에 따라 사람들이 같은 처지에 놓여 있을 때에라도, 기쁨에 수반되는 강도의 정도가 사람마다 다르다. 그리고 뭔가 좋은 일이 일어날 때 자연스럽게 기쁜 감정을 느끼는 것은 당연하지만, 예외인 경우도 있다. 즉 우리가 어떤 것은 기쁨을 주는 일이고 또 어떤 것은 그렇지 못하다고 구분하고 범주를 정해 놓을 때, 그것이 항상 옳은 것은 아니라는 점이다. 예를 들어 극심한 역경 가운데 있으면서도 기뻐할 만한 일들을 발견할 줄 아는 사람이 있는 반면, 어떤 사람들은 오직 멸시와 절망만이 자신의 동반자라고 여긴다. 또 어떤 사람들은 우호적인 상황에서도 그들의 가까운 친구들이 권태, 불평, 경멸, 불만족의 대상인 경우가 있다. 예를 들어 우리는 미디어를 통해 부유한 삶을 살면서도 개인적으로는 자신의 존재에 열정이 식어 가는 사람에 대해 듣곤 한다. 톰은 더 이상 일의 성취 과정에서 흥미를 느낄 수 없다. 그는 점차적으로 무감각해지는 자신을 발견하고 성매매 업소, 마약 그리고 음주와 같은 외부의 자극에 의존했다. 그는 친구들, 고객들 그리고 가족과 함께 있을 때 신 나는 사람처럼 보이려고 했다. 제3자의 입장에서 보면, 톰의 삶은 활기로 가득 차 있는 것처럼 보였다. 톰은 영향력 있는 사람들을 만나고자 다른 나라를 여행했고, 그곳에서 가장 호화로운 호텔에 묵었다. 그의 가족은 매년 사치스러운 휴가를 떠났다. 그는 자녀들이 원하는 것이라면 거의 모든 것을 해 줄 수 있었지만 가족을 만족스럽게 하고 행복하게 만드는 그의 놀라운 자원이나 능력이 결코 그에게 큰 기쁨을 가져다주지 못했다. 심지어 톰 또한 삶에서 잃어버린 것이 기쁨이라는 것을 깨닫지 못했다.

반면, 나는 수년 전에 뉴스에서 덱스터 벤자민이라는 사람을 본 적이 있다. 뉴스의 배경은 뉴욕시 브로드웨이 거리였다. 많은 차들이 도로를 오가고 있었고, 카메라가 도로를 따라 움직일 때 높은 빌딩들이 점점 희미해져 가고 있었다. 그런데 갑자기 자전거를 타고 가는 한 사람의 얼굴이 클로즈업되었다. 그의 얼굴은 평범해 보였지만 에너지로 가득 차 있었고, 그 앞에 있는 무엇인가를 보는 것에 집중하고 있었다. 카메라는 그의 왼쪽을 향해 움직였다. 그는 자신의 팔로 자전거 핸들을 꼭 붙잡고 다리로 힘차게 페달을 밟고 있었다. 뉴욕의 많은 운전자와 택시 운전자들 사이에서 자전거를 타고 있던 그의 직업은 다름 아닌 배달원이었다. 하루에 약 100마일을 자전거를 타고 뉴욕 이곳저곳을 오가며 소포를 배달했는데, 그는 신뢰할 만한 배달원 중 한 사람이었다.

카메라가 이제는 그의 뒤를 향했다. 그런데 무엇인가가 이상해 보였다. 무엇 때문인가? 카메라는 그의 오른쪽으로 향해 움직였다. 그의 오른팔이 핸들을 꼭 잡고 있었지만, 페달을 움직이는 무엇인가가 보이지 않았다. 그는 오른쪽 다리가 없었던 것이다. 뉴스 기자는 왜 그렇게 열심히 일하는지 그에게 물었다. 덱스터 벤자민은 얼굴에 미소를 머금고, "내 자신을 돕고, 다른 사람에게 힘을 실어 주기 위해서죠."라고 대답했다. 덱스터 벤자민은 과거에 머무르려 하지 않았다. 그는 과거에 권투 선수였고 다른 종류의 운동을 할 수 있었을 때 얼마나 좋았는지에 대해 집착하지 않았다. 더욱이 그는 교통사고로 자신의 오른쪽 다리를 잃은 것에 대해 더 이상 스스로 유감스럽거나 불쌍하게 느끼지 않았다. 자전거를 타는 동안 의도적으로 앞만 보는 것처럼 그는 자신의 인생 앞에 놓인 것들에 집중했다. 자신의 장애에도 불구하고 자전거 타는 것을 그만 두지 않았다. 그렇게 하는 이유는 단지 생존하기 위해서가 아니라 힘차고 기쁘게 그리고 목적을 지니고 살기 위함이었다. 그 목적은 자기 자신을 돕고 다른 사람을 격려하려는 데 있었다.

이러한 두 본보기는, 비록 제한적이지만, 기쁨을 경험하는 일반적인 범주가 존재한다고 생각할 수 없게 만든다. 그 대신 우리는 사람들과 그들이 기쁨의 삶을 위해 얼마나 준비되었는지에 대해 초점을 맞춘다. 다시 말해, 삶에서 각 사람이 경험하는 자기 확신과 안전감 발달 수준이 어느 정도인지에 주의를 기울여야 한다는 것이다. 우리에게 기쁨을 주는 일과 상황을 발견하려 하기보다는, 각 개인이 얼마나 기쁨의 경험에 접근할 수 있는지에 집중해야 한다. 이것이 함축하는 의미는 크다. 우리를 행복하게 하는 것들을 소유하고 발견하려는 우리의 끝없는 집착은 정말 헛된 일이다. 어떤 바람직한 일들과 상황이 자동적으로 우리를 기쁨에 이르도록 하지 않는다. 삶을 통해 하나님이 선물로 주시고자 하는 기쁨의 경험을 누릴 준비가 되어 있는지 스스로에게 물어보고 돌아볼 필요가 있다. 그렇게 함으로써 성향으로서의 기쁨 발달에 초점을 맞출 수 있다.

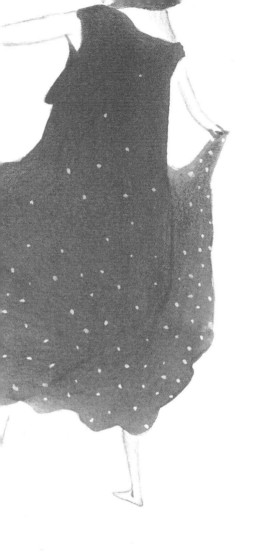

4 장

기쁨으로 가는 길

기쁨으로 가는 길은 구불구불하지만 홍미로운 길로 떠나는 긴 여행을 빗대어 표현한 말이다. 한 사람이 기쁨으로의 길로 떠나는 여행을 시작한다면, 그는 보다 성향으로서의 기쁨을 발달시킬 수 있고 기쁨발견자가 될 수 있다. 기쁨으로 가는 길에서 주의해야 할 첫 번째는 그 길이 기쁨을 발견하고 누릴 줄 아는 우리의 제한된 능력 너머에 있다는 것이다. 기쁨으로 가는 길을 발견하고 또 그 길을 계속 걸어가려면, 기쁨발견자되신 하나님과 다른 기쁨발견자들의 도움이 필요하다. 기쁨을 향한 진보와 전진은 우리가 기쁨을 누려 보겠다고 의식적으로 노력한다고 되는 것이 아니라 오직 다른 이들, 즉 기쁨발견자들의 도움으로 기뻐할 수 있는 성향을 계발할 때 가능하다. 기쁨을 향해 나아가는 길은 존재의 기반을 확고하게 유지할 수 있는 능력을 길러 삶의 불안을 수용하는 것에서부터 시작된다. 그리고 우리가 건강한 자부심을 주장하다가 실수해도 그것이 용납되고, 또 다른 사람의 자부심에 참여하는 것이 허용되는 것을 통해 기쁨으로 가는 길은 더욱 촉진된다. 다른 사람의 위대함을 함께 공유하는 것에서뿐만 아니라 우리 자신이 이룩한 성취와 자신의 능력을 통해 경험되는 우리의 기쁨과 관련해 우리는 격려와 지지를 받을 필요가 있다. 무엇보다 중요한 것은, 꼭 실천해야 할 일이거나 도덕적인 계율, 혹은 꼭 지켜야 할 관례처럼 의지적으로 기뻐한다고 해서 기쁨을 누릴 수 있는 것이 아니라, 우리가 자신의 존재를 드러내고 주장할 때 그리고 다른 이들의 탁월함에 참여하면서 기쁨을 느끼려 할 때, 다른 이들이 그것을 알아 주고 확인시켜 주는 것을 통해 기쁨을 누릴 수 있다.

나는 기쁨으로 가는 길의 몇 가지 중요한 특징에 관해 논의할 것이다. (1) 기쁨으로 가는 길은 자기 확신과 생명력을 지닌 기쁨발견자들을 성장시킨다. (2) 기쁨으로 가는 길은 우리 자신의 능력과 힘 너머에 있다. (3) 기쁨으로 가는 길은 기쁨발견자들이라는 동반자를 요구한다. (4) 기쁨으로 가는 길은 우리 자신의 경험을 인식하도록 우리를 돕는다. (5) 기쁨으로 가는 길은 우리 안에 건강한 자존감을 촉진한다. (6) 기쁨으로 가는 길은 다른 사람의 자부심에 함께 참여하는 것이다.

기쁨으로 가는 길은 자기 확신과 생명력을 지닌 기쁨발견자들을 성장시킨다

기쁨발견자들은 성향으로서의 기쁨이 발달함으로써 평화를 누리고 생명력과 활기를 지닌, 자기 확신에 찬 사람들이다. 그들은 삶의 많은 일로 주위가 산만해져 자기 확신에서 멀어지는 경우가 드물다. 기쁨발견자들은 자기 확신의 감정으로 그들 자신과 화평을 누리기에, 삶에 존재하는 모든 기쁜 일을 경험할 수 있다. 그러나 기쁨발견자들은 반드시 의도적으로 삶의 기쁨을 찾으려고 애쓰는 사람을 의미하는 것은 아니다. 오히려 그들은 그저 기쁨의 경험에 대해 열려 있어서 그것들을 수용한다. 그들은 기쁨을 찾으려고 애를 쓰지 않는다. 오히려 그들 삶에서 기쁨을 발견하는 것이 삶의 자연스러운 일부분이다. 그들은 기쁨의 경험들을 발견하고 창조할 수 있다. 왜냐하면 어린 시절 그들이 경험한 기쁨이 받아들여졌고 수용되었으며, 다른 기쁨발견자들의 도움으로 기쁨을 경험했기 때문이다. 그러므로 기쁨발견자들은 자기 확신의 감정으로 자기 자신과 다른 사람의 삶에서 기쁨을 경험하게 도울 수 있다.

그들은 자기 확신이 있기 때문에 진지하면서도 쾌활하다. 그러나 삶의 모든 것을 재미있는 일로 바꿔 버리는 가벼운 사람은 아니다. 그들은 기쁨이 삶의 모든 것이 될 수 없음을 충분히 알고 있다. 삶의 중요성에 대해 진지하게 생각하며, 기쁨과 동시에 고통과 같은 다른 측면이 존재함을 깨닫고 있다. 삶의 진지함을 알지만, 기쁨발견자는 삶의 모든 것을 진지한 것으로 바꾸지 않는다. 그 대신 진지해야 할 것과 그렇지 않아야 할 것을 어떻게 구분해야 할지 알고 있다. 인간 삶이 지닌 한계를 잘 알고 있고, 어떻게 그 한계가 진지함과 쾌활함의 모든 관점에서 받아들여져야 하는지 잘 알고 있다. 그들은 인간 한계에 대해 그들의 전반적인 확신감에 비추어 바라보고, 그렇기에 그 한계는 무기력과 절망이 아닌 그들의 품위로 무색해진다. 그들은 균형감각을 갖고 있어서 양극단에 서 있는 것을 피할 수 있다. 그들은 삶에서 유머감, 창조성, 공감과 지혜를 보인다.

기쁨발견자가 경험하는 견고한 확신감(secured sense of assurance)은 삶이 견고히 뿌리내리고 있다는 지속적인 확신감을 가리킨다. 따라서 충격적인 사건으로 그들의 견고한 확신감이 흔들릴 수 있는 상황에서도 이를 잘 유지할 수 있다. 그러므로 견고한 확신감은 어떤 사람이 잠시 동안 경험하는 확신감 이상을 의미한다. 이는 기본적으로 삶의 확신에 찬 태도를 포함하는 것으로 삶이 대체로 안정적이라고 느끼는 것을 말한다. 그러므로 기쁨발견자는 삶의 다양한 상황에 쉽게 휩쓸리지 않으며, 상당히 일관된 태도로 그들의 삶을 유지할 수 있다. 다른 사람들은 그들을 신뢰할 수 있는 사람들로 여긴다. 기쁨발견자는 심리적인 혹은 육체적인 죽음의 공포와 같은, 가장 치명적인 순간에도 삶의 불안에서 자유로울 수 있다.

삶에서 업무 수행을 증진하는 데 있어 적당한 수준의 불안을 갖는 것은 건강할 수 있겠지만, 우리는 종종 건강하지 못한 불안으로 공격받는다. 건강한 불안에는 합당한 기대에 미치지 못하는 것에 대한 걱정, 변변치 못한 벌이로 자녀에게 음식을 제공하지 못하는 것에 대한 걱정, 지구 온난화에 대한 걱정 등과 같은 것을 포함한다. 하지만 우리는 건강하지 못한 많은 불안으로 걱정한다. 예를 들어, 충분히 매력적이지 못하다든가, 충분히 날씬하거나 근육을 갖지 못하다거나, 충분히 돈을 갖지 못하다거나, 사회에서 중요한 사람이 아닐지도 모른다거나, 다른 사람에게 환영받지 못할 것에 대해 불안해한다.

이런 건강하지 못한 불안과 더불어 가장 치명적인 불안은 죽음에 대한 불안이다. 죽음에 대한 불안은 곧바로 육체의 죽음을 떠오르게 하지만, 심리적인 죽음의 불안이 보다 더 위험하다. 어떤 사람은 너무 불안정해서 심지어 그 자신의 존재조차 의심한다. 그리하여 삶에서 하는 모든 행위 예를 들어 먹는 것, 마시는 것, 자는 것, 일하는 것 등을 감지하지 못한다. 이러한 불안은 단순히 그 불안을 없애라고 말함으로써 제거될 수 있는 것이 아니다. 이것은 한 사람의 삶에 숨어 있어 그 사람의 삶의 존재를 무효화한다. 한 사람의 생동감을 마비시키고, 그의 삶을 마치 가벼운 바람에도 곧 사라지고 말 약한 촛불처럼 만든다. 그것은 또한 마치 아주 조그마한 힘에도 곧 쓰러지고 말, 뾰족한 끝에 놓인 달걀과도 같다. 어떤 사람은 그 사람의 눈앞에서 자신의 삶이 사라지고 말 것이라 항상 느낀다.

이러한 임박한 죽음에 대한 무서운 느낌에서 자유로워지기 위해서는, 다른 일상의 평범한 불안처럼 그 무시무시한 불안을 흐릿하게 만들 수 있는 내적 능력을 계발할 필요가 있다. 눈앞에서 모든 것이 사라지고 말 것이라고 느끼는 죽음의 지속적인 위협은 사라지라고 명령할 수 있는 대상이 아니다. 그러한 불안은 한 사람의 근육과 뼈 속까지 침투해 들어와 그의 육체에 퍼져 있는 존재와 같다. 그렇기에 그것은 전체의 육체에서 수집되어 담아지고 무효화할 필요가 있다. 무시무시한 그 불안은 버려지거나 제거될 수 있는 것이 아니라 받아들여져 그 힘을 잃게 해야 할 대상이다. 불안을 받아들이고 처리할 내적 능력이 부족할 때, 우리는 삶의 모든 부분에서 그 불안에 의해 지배당한다. 불안을 받아들일 수 있는 우리의 내적 능력은 다양한 종류와 크기의 그릇 이미지로 가장 잘 설명될 수 있다.

우리 자신의 불안을 처리하고 받아들일 수 있는 내적 능력을 '확신감의 그릇'(assurance bowl)이라 해 보자. 불안을 받아들일 수 있는 내적 능력의 다른 수준을 그 완성도가 각각 다른 확신감의 그릇으로 묘사할 수 있다. 가령 예를 들어, 톰은 그의 확신감의 그릇이 30퍼센트 완료된 상태에 있다. 줄리는 45퍼센트 완료된 상태에 있고, 몰리는 79퍼센트 완료된 확신감의 그릇을 갖고 있다. 만약 동일한 수준의 불안이 그 각각의 사람들의 삶에서 발생한다면, 30퍼센트의 불안은 톰과 줄리 그리고 몰리의 확신감의 그릇에 안전하게 담길 것이다. 반면, 70퍼센트의 불안을 톰과 줄리의 확신감 그릇이 담아내지 못하는 반면, 79퍼센트의 몰리의 확신감 그릇은 이를 담아낼 수 있다. 확신감 그릇에서 흘러넘친 불안은 한 사람의 몸을 통해 퍼져 나가고 다양한 수준과 강도의 불안정을 삶에 만든다.

몰리는 정신 건강을 해치는 삶의 불안을 수용할 수 있는 내적 능력을 가장 많이 지녔고, 그렇기에 어떤 것이 그녀를 쉽게 방해하지 못한다. 줄리는 삶의 불안으로 인해 몰리보다 조금은 더 불안정한 상태를 경험할 수 있지만 그 불안을 뚫고 나아가기 위해 다른 사람에게 도움을 청할 수 있다. 반면, 톰은 쉽게 불안정해지기 때문에 그는 어떻게든 불안을 피하는 데 많은 노력을 기울이게 되고 그럼으로써 그의 가족, 공동체, 사회에 공헌하거나 바로 세우는 데 관심을 쏟을 수 없게 된다. 몰리는 자기 자신뿐만 아니라 다른 사람의 불안을 떠맡을 수 있고, 그들이 확신감을 얻도록 도울 수 있다. 반면, 톰은 몰리와 같이 그의 불안정함을 받아들일 수 있는 누군가의 도움이 필요하다. 몰리는 기쁨발견자로 삶을 살게 되고, 톰은 그의 불안을 수용해 줄 기쁨발견자의 끊임없는 도움을 구하는 기쁨거절자로 살게 된다. 만약 톰이 몰리와 같이 그의 확신감 부족을 도울 사람을 찾지 못한다면, 톰은 그가 살아 있음을 확인하기 위한 다양한 방법을 찾을 것이다. 톰은 음식을 먹어치우거나, 술을 마시거나, 일에 중독되거나, 불법적인 약물을 복용하거나, 무분별한 도박과 성행위를 즐긴다거나, 과다하게 소비하거나, 무모하게 위험한 활동에 빠져들어 살아 있음을 느끼려고 할 것이다.

불행하게도, 이러한 활동은 삶의 불안을 수용해 줄 내적 능력을 향상시키는 데 도움을 주지 못한다. 다만 이것은 그에게 순간적이고 일시적인 확신감만을 심어 줄 뿐이다. 음식, 알코올,

약물, 도박, 일, 돈, 성 등에 과도하게 중독되어 있거나 빠져 있는 사람들은 진실로 삶을 즐기지 못하고, 다만 생동감 넘치는 자기 확신을 조금이라도 경험하기 위한 수단으로 그것을 이용한다. 그들은 거대하고 끊임없는 불안의 공격에서 안전감을 얻기 위해 계속 노력할 것이고, 결국에는 자신들에게 해로운 것들에 매달리는 결과를 초래할 것이다. 자기 확신이 부족한 이들은 자기 자신과 다른 사람의 불안을 받아들이는 자기 확신감을 가진 기쁨발견자의 도움을 끊임없이 요청하게 될 것이다.

불안이 삶에 깊이 스며든 사람들과 달리, 기쁨발견자들은 확신감과 생명력이 넘치는 삶을 살므로 생명을 불어넣어 주는 기쁨과 즐거움의 경험을 누리는 것이 삶의 일부분이 된다. 기쁨발견자들의 자기 확신감은 분주한 가운데서 멈추어 인생의 평범한 것을 즐길 수 있게 한다. 그들은 성향으로서의 기쁨의 일부분으로 발달하는 균형감각을 갖고 있기 때문에 쾌락을 주는 것들을 남용하려 할 때 중단할 수 있다. 이러한 자기 확신감은 다른 사람들을 위해 쾌락을 주는 것들을 기꺼이 포기할 수도 있다. 왜냐하면 그들은 다른 사람과 나누는 기쁨 또한 알고 있기 때문이다. 나누는 것에서 그들은 인생의 더욱 큰 의미를 발견한다. 의미를 발견하는 그들의 능력은 삶에 생명력을 부여한다. 또한 어려운 상황과 고통을 더 잘 견뎌 내게 한다. 왜냐하면 자기 확신감이 그러한 고통에 의미를 주기 때문이다. 그들은 또한 어려움의 상황에서 기쁨의 궁극적 존재의 지지를 받고 살아간다. 그들은 삶의 고통을 피하지도 않고 고통 속에 있는 그들과 마주하여 그저 가만히 있지도 않는다. 기쁨발견자들은 삶에서 기쁨을 누리는 것이 무엇인지 알고 있고, 그 결과로 다른 이가 고통에서 벗어나 기쁨을 발견하도록 기꺼이 돕는다. 그들은 그들 자신과 다른 사람의 삶의 기쁨을 증가시키는 사람이다. 기쁨발견자들은 기쁨의 노래를 부르는 성가대로 다른 사람들을 초청하여 돕는다. 그들의 성가대는 예수의 탄생을 알리는 일꾼의 천사들로 이루어진 성가대를 능가한다.

기쁨으로 가는 길은
우리의 능력과 힘 너머에 있다

기쁨을 향해 나아가는 첫 걸음은 우리 스스로 그 길을 걸을 수 없다고 인정하는 것이다. 다시 말해, 순전히 자신의 의지에 의존하여 기쁨의 존재가 될 수 없다는 것과 아무리 용기를 북돋는 말이라고 해도 단지 기뻐하라고 말함으로써 다른 이들의 능력을 불러올 수 없다는 것을 인식하는 것이다. 전통적인 믿음, 즉 우리 자신을 보다 좋은 사람으로 만들기 위해 그리고 보다 기쁨의 존재가 되기 위해 우리 자신의 의지를 훈련해야 한다는 믿음과는 반대로, 우리는 기쁨으로 가는 길을 발견하는 데 한계가 있음을 인정해야 한다. 물론, 이는 오늘날 미국 사회의 문화적 뼈대라고 볼 수 있는 '자기 신뢰'(self-reliance) 혹은 '자체 유지'(self-sustenance)라는 이상과는 대치되는 말이다. 사실 미국 사회에서는 독립심 또는 자립심(independence)이 사람의 성숙도를 평가하는 가장 중요한 기준이 된다. 훌륭한 미국인은 삶의 모든 면에서 독립적인 사람이다. 그들은 부모, 형제자매, 친구들에게서 독립해야 한다. 심리적인 측면에서뿐만 아니라 무엇보다도 재정적인 측면에서 독립해야 한다. 이러한 이유로 다른 사람에게 의존적일 때, 그는 이 사회에서 미성숙한 사람으로 취급받는다. 대학을 졸업했거나 스무 살이 넘었는데도 여전히 부모와 함께 살고 있다면 그것은 아주 수치스러운 일로 여겨진다. 이는 일단 법적으로 어른이 되면 독립적인 삶을 사는 것이 마땅하다고 생각하기 때문이다. 이런 식으로 이 사회는 우리가 다른 사람에게 짐이 되지 않도록, 할 수 있는 한 독립적인 존재가 되기를 요구한다.

그러나 사회에서 책임 있는 시민으로서 독립적인 존재가 되어야 한다는 미국 사회의 이상은 우리가 삶에서 기쁨을 누리는 데 큰 장애가 되고 있다. 독립을 지향하는 것이 미국 사회의 중요한 이상이지만, 삶에서 독립성을 계발하는 데 있어서 우리는 전적으로 잘못된 접근 방법을 사용한다. 지금 우리의 상황은, 사람들이 내재된 독립성을 가꾸어 가도록 돕기보다는 그저 독립성을 요구하고 심지어는 그것을 강요하는 것이 이 사회에서 책임 있는 어른 혹은 시민으로서 자립하게 만드는 주된 방법이라고 여긴다. 단지 독립적인 사람이 되겠다고 결심하면 독립적인 사람이 될 수 있다고 생각하는 것이다. 그래서 독립 혹은 자립이라는 과제는 너무 성급하게 우리에게 떠맡겨져 우리가 감당해야 할 책임이 되어 버렸다.

이러한 믿음 때문에 자율적인 사람이 되는 데 필요한 성향을 실제로 계발하기 전일지라도 전적으로 우리가 의지를 발휘하면 언제든지 독립성을 얻을 수 있다고 믿는다. 그리고 우리가 기대 만큼 독립적이지 못할 때, 그것은 우리가 그만큼 힘을 기울이지 않기 때문이라고 생각한다. 독립적인 존재가 되려는 결심이 부족하기 때문에 아직도 의존적인 스타일을 거부하지 못하는 것이라고 여긴다. 아직도 다른 사람들이 나를 위해 일을 처리해 주기를 좋아하기 때문에 우리가 직접 나서서 내 삶에 대해 책임질 의지를 보이지 않는다는 것이다. 독립적인 삶으로 도약하기 보다는 다른 사람에게 의존하는 것을 더 편하게 느낀다면, 그것은 그가 잘못하고 있는 것이라고 여긴다. 이런 식으로, 개인의 선택과 책임이 독립적이고 자립적인 존재가 되는 열쇠이며, 개인의 내적인 결단력이 바람직한 태도를 지니고 살 수 있는 능력의 핵심이라고 믿는다.

그리고 이런 생각은 이미 일상적인 것이 되었다. 그렇다면 친구와 친구 사이, 부모와 자식 사이, 남편과 아내 사이에서 갈등이 일어나는 가장 큰 원인은 무엇인가? 사람들이 자주 불평하는 것은 그들의 자녀나 혹은 배우자가 충분히 독립적이지 못해 자신들이 일을 대신 처리해 주어야 한다는 점이다. 예를 들어, 어떤 엄마가 아들 때문에 화가 났는데 그 이유는 아들이 자기 방을 매일 엉망으로 해 놓고 지내기 때문이다. 그래서 엄마는 기회가 있을 때마다 아들에게 방을 정리하라고 말한다. 하지만 아들이 말을 듣지 않자 그녀는 남편에게 도움을 청하고, 남편은 마지못해 부인의 노력에 힘을 보태 주었다.

그러나 아들은 부모의 요구에도 별다른 변화가 없었다. 부모는 처음에 평범한 어조로 방을 치우라고 말하다가 그다음에는 살살 달래는 어조로, 그러다가 결국은 윽박지르는 어조로 말했다. 그 아들은 부모가 화내는 것을 보면서도 거대한 산처럼 꿈쩍하지 않았다. 단지 그가 하는 말은 자기를 그냥 내버려 두라는 것이었다. 방을 정리하라는 부모의 요구는 결국 아들의 행동을 변화시키려는 가족 간의 십자군 전쟁이 되어 버렸다. 엄마는 아들이 말을 듣지 않는 것 때문에 힘들어했고, 아빠 역시 아내가 좌절하는 것을 보고 마음이 편치 않았다. 아들은 자신의 부모가 자기가 중요하게 여기는 문제에 관심을 보이기보다는 방바닥에 널려 있는 것에 더 관심을 보인다는 사실에 깊이 실망했다.

부모에게 자신을 그냥 내버려 두라고 말하기는 했지만, 아들은 속으로 자신에 대해 뭔가 부적절한 감정을 갖게 되었다. 부모님의 말씀처럼 방을 깨끗하게 유지하거나 혹은 적어도 가끔 방을 치우는 것은 별로 힘든 일이 아닐 수도 있는데, 방을 그렇게 지저분하게 쓰고 있는 자신이 뭔가 잘못된 것처럼 여겨진 것이다. 사실, 이 같은 갈등이 일어난 원인은 같은 상황을 놓고 부모와 아들 간의 생각에 큰 차이가 있었기 때문이다. 부모는 이 문제를 아들이 마음만 먹으면 얼마든지 할 수 있는 단순한 것으로 생각했지만, 아들은 그것은 자기가 사는 방식이기 때문에 부모님이 청소하라고 요구할 수 있는 문제라고 생각하지 않았던 것이다. 아들에 대한 엄마의 단순한 요구는 이제 모자간의 친밀한 관계를 방해하는 큰 걸림돌이 되었다. 더욱이 부모를 성가시게 여기는 마음이나 부모에 대한 반항심 이외에, 아들은 단순한 일을 처리하는 능력조차 자신에게 없는 것인지 혼란스럽기도 했다. 애석하게도, 그의 부모는 간단한 진리를 알지 못했는데 그것은 다름 아닌 아주 간단해 보이는 것조차도 독립적인 존재가 되려고 노력하는 그 누군가에게는 엄청나게 힘든 일이 될 수 있다는 것이다.

마찬가지로, 부부간의 갈등도 종종 남편이 양말을 벗어 세탁물 보관함(Laundry hamper)에 넣는 대신 방바닥에 그냥 던져 놓는 것과 같은 아주 사소한 일에서 시작된다. 아내는 남편에게 양말을 세탁물 보관함에 넣으라고 끊임없이 말한다. 그러나 남편은 아내의 그런 요구를 계속 묵살한다. 아내는 남편에 대해 '뭐가 그렇게 어려워서 지저분한 양말을 세탁물 보관함에 집어넣지 못하고 맨날 방바닥에 아무렇게나 던져 놓느냐?' 하고 생각한다. 그리고 아내는 매번 자신이 양말을 집어 세탁물 보관함에 집어넣게끔 남편이 만들고 있다는 생각에 신경질이 난다. 남편이 자기 양말은 자기가 알아서 처리할 정도로 더 독립적인 사람이라면 남편의 뒤를 졸졸 따라다니며 벗어 놓은 양말을 집는 일은 더 이상 하지 않아도 될 것이라고 생각한다.

심지어 아내는 하루 날을 잡아 남편을 끌고 다니며 그가 양말을 방바닥에 어떻게 내팽개쳐 놓았는지 보여 주기도 한다. 그리고 양말을 세탁물 보관함에 갖다 넣는 것이 얼마나 수월한 일인지 남편에게 상기시키며, 벗은 양말을 어떻게 세탁물 보관함에 갖다 넣는지 시범을 보이기도 한다. 그리고 이것이 얼마나 간단한 일이냐고 남편을 다그친다. 그러면 남편은 마지못해 고개를 끄덕이며 다음 몇 주 동안 혹은 몇 번은 그대로 따라한다. 그러나 아내가 그렇게 하도록 시킨 것에 대해 남편은 모욕감을 느낀다. 그러다 결국 남편은 옛 습관으로 돌아가서 양말을 방바닥에 다시 던져 놓기 시작하고, 이에 아내는 마침내 남편이 말을 들었다고 잠시 기뻐하다가 말고 더욱 화가 난다.

그러자 이번에는 아내가 남편이 고쳤으면 하는 다른 행동까지 엮어서 불평을 늘어놓기 시작한다. 무슨 대단한 것을 요구하는 것이 아니니까 제발 고쳐 달라고 한다. 남편은 그런 아내의 말에 동의하긴 하지만, 마치 자기를 아이 다루듯 하는 아내의 태도에 무시당하는 느낌을 받으며 그냥 자기를 내버려 두기를 바란다. 그러나 신중하게 생각해 본 후에는, 아내의 단순한 요구도 들어주지 못하는 자신에 대해 당혹스러워한다. 양말을 집어 세탁물 보관함에 집어 넣는 단순한 일조차 하지 못하는 자신에 대해 부적절한 감정을 갖는다. 다른 한편으로는, 그와 동시에 남편의 마음속에는 아내를 향한 분노가 쌓이기 시작한다.

변화하기 위해서는 개인이 의지를 충분히 발휘해야 한다는 전통적인 이해와는 달리, 기뻐하려는 의지가 있다고 해서 기뻐하는 사람 혹은 기쁨발견자가 되는 것은 아니다. 위의 사례에서 볼 수 있듯이, 달라지라고 말한다고 해서 달라지는 것이 아니다. 심지어는 그것이 방을 정돈하고 양말을 세탁물 보관함에 넣은 것과 같은 아주 간단한 일일지라도 말이다. 사례에 등장했던 어떤 아들과 또 어떤 남편의 이해할 수 없는 저항은, 변화되기를 요구하고 강요하는 것이 헛수고에 불과하다는 사실을 보여주는 좋은 예가 된다. 우리는 아무리 작은 변화일지라도 무엇을 어떻게 바꾸어야 하는지를 말하는 것은 별로 효과가 없다는 것을 인정해야 한다. 나중에 살펴보겠지만, 그것은 실제로 '든든한 토대를 가진 존재감'(a consistent sense of secured self)이나 성향으로서 기쁨을 계발하는 데 해가 된다는 사실을 받아들여야 한다.

간단히 말하면, 성향으로서의 기쁨이 우리 안에 발달하지 못한다면 기쁨을 발견하는 것을 비롯하여 자신을 변화시킬 수 있는 내적 자원이 부족하다. 우리는 스스로의 힘으로 성향으로서의 기쁨을 형성할 수 없고, 보다 기뻐하는 사람으로 변화할 수 없다. 우리 자신을 기쁨을 발견하는 자로 만들어 낼 능력이 없다. 우리의 죄를 우리 스스로 용서할 수 없는 것처럼 우리가 얽매여 있는 일들 그리고 우리가 가진 불안에서 스스로 벗어나 기쁨을 더 잘 표현하는 기쁨의 발견자로 만들 수 없다. 다시 말해, 우리는 우리 스스로를 삶에서 기뻐하는 사람들로 변화시킬 수 없다. 얼마나 노력을 쏟느냐 하는 것과는 상관없이, 우리 스스로는 그냥 그렇게 할 수 없다. 간단히 말하면, 우리 스스로의 힘만으로는 안 되는 것이다.

기쁨으로 가는 길은
기쁨발견자라는 동반자를 요구한다

오직 다른 사람의 도움이 있을 때에야 우리는 기쁨으로 가는 길을 발견할 수 있다. 우리 스스로가 아닌 다른 사람들만이 우리가 기쁨의 길을 발견하고 그 길을 걸어갈 수 있게 도울 수 있다. 우리가 일상의 의무와 불안을 넘어서는 일은 다른 이의 도움에 따라 좌우된다. 오직 다른 사람이 자기 자신을 우리에게 투자해야 우리는 성향으로서의 기쁨, 곧 기쁨발견자가 되기 위한 내적 자원을 계발할 수 있다. 아무리 노력해도 우리는 열매 맺을 수 없다. 우리의 노력이 아니라 우리를 기꺼이 돕는 다른 이의 도움이 우리를 의무와 무력에서 벗어나게 한다. 우리가 우리 안에 내재되어 있는 자원뿐만 아니라 주변에 있는 모든 가능한 자원을 끌어들인다 할지라도, 우리 자신의 힘만으로는 우리가 보다 더 기뻐하는 사람이 될 수 없다. 간단히 말해, 우리는 다른 사람들이 필요하고, 오직 다른 사람만이 우리가 보다 더 기뻐하는 사람이 되도록 도울 수 있다.

그러나 모든 다른 사람이 우리가 보다 나은 기쁨의 사람이 되도록 도와줄 수 있는 것은 아니다. 이미 자신의 삶의 중심에 기쁨이 자리 잡고 있는 사람들만이 우리를 도울 수 있다. 즉 우리가 기쁨발견자가 되도록 도울 수 있는 사람들이란 이미 기쁨발견자가 된 사람들뿐이다. 기쁨발견자가 기쁨발견자를 낳는다. 기쁨발견자는 우리가 기쁨으로 가는 길을 발견하고 그 길을 계속 걸을 수 있도록 도와준다. 그들은 관심을 가지고 우리를 돌보려는 마음이 있어서 우리가 기쁨으로 향한 길을 걷는 동안 기쁨을 축적하도록 돕는다. 또한 그들은 관심을 가지고 우리를 지도하려는 마음이 있어서 우리가 기쁨으로 향한 길을 걷는 동안 기쁨을 발견하는 능력을 강화하도록 돕는다. 그들은 우리에게 지속적인 관심을 가지고 우리가 기쁨으로 향한 길의 마지막 지점까지 도달할 수 있도록 돕는다.

어떻게 다른 기쁨발견자의 도움으로 삶의 기쁨을 발견할 수 있는 능력이 계발되는가 하는 것은 예수께서 야곱의 우물가에서 만난 사마리아 여인과 대화하는 중에 언급하셨던 "생수"(요 4:10)가 하는 역할을 보면 알 수 있다. 여인과 대화하지 않는 유대인의 풍습을 따르는 대신, 예수께서는 문란한 것으로 알려진 한 사마리아 여인과 대화하셨다. 더욱이, 뜨거운 열기가 내리쬐는 한 낮에 우물가에서 서로 대하게 된 그런 상황을 통해 예수께서는 구원의 큰 신비를 그 여인에게 드러내셨다. 예수께서는 우선 대화를 시작하기 위해 여인에게 물을 달라고 요청하셨다. 그러나 예수 자신이 생수이며 그 여인이 그 물을 마시면 다시는 목마르지 아니할 것이라는 말씀을 곧바로 하시지는 않았다.

그보다는 사마리아 여인이 대화를 이끌어 가도록 기회를 주셨다. 그 여인은 어찌하여 유대인으로서 사마리아 여인인 자신에게 물을 달라고 하는지를 예수께 여쭈었다. 이에 예수께서는 "네가 만일 하나님의 선물과 또 네게 물 좀 달라하는 이가 누구인줄 알았더라면 네가 그에게 구하였을 것이요 그가 생수를 네게 주었으리라."(요 4:10)고 대답하셨다. 유대인 남성이 사마리아 여인에게 마실 물을 청하는 것은 상상할 수 없는 일인 것처럼, 마시면 영원히 목마르지 않는 생명수 같은 것이 존재하는 것 또한 사마리아 여인으로서는 생각지도 못할 일이었다. 여기서 우리는, 예수께서 주시는 생수가 어떻게 우리의 갈증을 영원히 해결해 줄 수 있는지 자세히 살펴볼 필요가 있다. 확실히, 예수께서 생수를 언급하실 때 그것은 자신의 생명을 일컬어 하신 말씀이었다. 여자는 물 길을 그릇도 없고 우물도 깊은데 어떻게 생수를 얻을 수 있는지 물었다. 예수께서는 여자에게 이렇게 대답하셨다. "이 물을 마시는 자마다 다시 목마르려니와 내가 주는 물을 마시는 자는 영원히 목마르지 아니하리니 내가 주는 물은 그 속에서 영생하도록 솟아나는 샘물이 되리라"(요 4:13-14). 야곱의 우물에서 나는 물은 갈증을 잠시 해결해 주지만, 즉 다시 목마르겠지만, 예수께서 주시는 물은 갈증을 영원히 잠재울 것이라고 예수께서 말씀하셨다. 그 이유는 "내가 주는 물은 그 속에서 영생하도록 솟아나는 샘물"이 될 것이기 때문이다(요 4:14).

달리 말하면 예수께서 주시는 물은 우리 안에서 물을 영원히 솟아나게 하는 샘을 창조한다. 즉, 자신의 신적인 능력을 사용하여 우리에게 물을 계속 공급하는 것이 아니라 예수께서 주시는 물이 우리 안에 물의 근원을 만들어 내기 때문에, 일단 예수께서 주시는 물을 마시면 그 물이 우리 안에 계속 생성되는 것이다. 마찬가지로, 기쁨은 기쁨발견자에 의해 단지 공급되는 차원에 그치는 것이 아니다. 일단 공급되면, 기쁨은 그것을 공급

받은 그 사람 안에 기쁨의 샘을 창조해 낸다. 그래서 그 사람은 기쁨을 지속할 수 있는 선천적인 능력 또는 성향으로서의 기쁨을 발전시킬 수 있게 되거나, 혹은 의무와 불안(dread and duty)에 사로잡혀 있기보다는 또 다른 기쁨발견자가 된다. 이런 이유로, 이미 기쁨발견자가 된 사람만이 다른 사람이 기쁨발견자가 되도록 도울 수 있다.

기쁨으로 가는 길은
우리 자신의 경험을 인식하도록 돕는다

기쁨으로 가는 길에서 우리는 자신의 경험을 자기의 것으로 소유해야 하는 수많은 요구들을 경험한다. 우리가 기쁨발견자들로서 기쁨으로 가는 길의 종착 지점이나 그 가까이에 도달한다면 그것은 다른 기쁨발견자들이 자신들도 자신의 경험을 인식하도록 도움받은 것처럼 우리 자신의 경험을 소유하도록 우리에게 도움을 주었기 때문이다. 특히 우리 자신 혹은 다른 이들이 지니고 있는 자존감에서 비롯되는 기쁨의 경험이 긍정적인 방향으로 작용할 때, 우리 자신의 경험을 소유하는 것은 우리가 기쁨발견자가 되는 발판을 형성하고 의무와 불안에서 벗어나 기쁨으로 향한 길을 따라 전진하게 한다. 우리가 우리 자신의 경험을 소유할 수 있도록 기쁨 발견자들이 도와줄 때, 그들의 공감이 우리에게 전해져서 우리 안에는 다른 이들을 이해하고 측은히 여길 수 있는 여지가 점점 더 많아진다. 즉, 기쁨발견자는 다른 기쁨발견자를 만들어 내는 것이다. 기쁨발견자는 실제로 우리가 자신의 경험을 자기 것으로 만들 수 있도록 도와주고 무력과 의무에 지배당하는 다른 사람들에게 우리가 기쁨발견자의 역할을 할 수 있게 만든다.

기쁨발견자가 되려면 우리의 생각, 판단, 느낌 그리고 상상력을 비롯하여 자신의 경험을 자기 것으로 만들어야 한다. 특별히 우리의 경험을 주로 다음의 세 가지 영역에서 소유해야 한다. (1) 야망(ambitions) 혹은 목적(purposes)을 추구하고 (2) 이상(ideals) 혹은 가치(values)에 이끌리며 (3) 갖가지 상황에서 자신의 재능(talents)과 기술(skills)을 적절하게 적용하는 것이다. 그러나 여기서 지칭하는 목적이나 이상이 어떤 특정한 것을 가리키는 것은 아니다. 그리고 모두가 추구해야 하는 그런 종류의 야망이나 이상이 있는 것도 아니다. 우리는 흔히 여러 가지의 이상, 야망, 기술 중에 어떤 종류의 것은 바람직하고 다른 어떤 종류의 것은 바람직하지 못하다고 구분한다. 그래서 어떤 야망들, 예를 들어 의사, 변호사, 운동선수, 경찰관, 선생님, 간호사 등이 되는 것은 바람직하고 좋은 야망이라고 생각하는 반면 바람직하지 못하다고 생각되는 것들은 야망의 대상으로 여기지 않으려고 한다. 그리고 이상과 재능에 대해서도 마찬가지의 태도를 보인다.

그러나 야망과 이상 그리고 재능을 바람직한 것이나 혹은 바람직하지 못한 것으로 분류하는 태도는 우리가 기쁨을 포함한 우리 자신의 경험을 소유하는 데 큰 도움을 주지 못한다. 정말 중요한 것은 그가 자기 자신의 야망, 이상, 재능을 실제로 자기 것으로 삼았느냐 하는 것이다. 달리 말하자면, 우리의 야망과 이상 그리고 재능이, 하나님께서 원하시는 바로서의 '진정한 나'를 나타내고 있느냐 하는 점이 중요한 것이다. 기쁨발견자는 우리가 하나님께서 의도하시는 '진정한 나 자신'이 되는 과정에서 우리를 돕는 사람이다. 그러므로 단지 부와 명예가 주어진다는 이유로 아이가 축구선수나 야구선수가 되도록 덮어놓고 밀어붙이는 것은 잘하는 일이 아니다. 그보다는 아이가 자신에게 내재된 자기 자신의 것을 충분히 계발할 수 있도록 도와야 한다. 야망과 이상과 재능은 '그것이 어떤 것이냐'에 의해 그 가치가 결정되는 것이 아니라 '그것이 하나님이 의도하신 바 그 개인에게 적합한 것이냐'에 의해 결정된다.

중요한 것은 그 사람의 목적, 이상, 혹은 기술과 재능이 무엇이냐가 아니라 우리가 자발적으로 이상과 야망에 반응을 보이고 그것들과 상호작용하며, 상황에 맞추어 그것들을 잘 조정해 나가느냐 하는 것이다. 예를 들어 다음과 같은 질문이 그와 관련된 것이다. 아침에 자신의 삶의 목적을 느끼며 일어날 정도로 목적 있는 야망을 충분히 소유하고 있는가? 여러 상황 속에서, 그 상황이 호의적이든 그렇지 못하든 자신의 삶을 바쳐 전념할 수 있는 가치 있는 이상을 소유하고 있는가? 자기 자신의 기술과 재능을 발전시킬 충분한 기회가 있는가? 그래서 자신의 이상을 반영하면서 자신의 야망을 성취하는 데 그 기술과 재능을 사용하는 활기를 경험했는가? 보다 중요한 질문은 다음과 같다.

충분히 일관적인 야망과 이상을 소유하고 있으며, 기술과 재능을 조화시키는 가운데 그것들이 실제로 서로 협력하고 있는가? 어떤 사람이 소유한 야망과 이상, 기술이 하나님께서 그를 향해 의도하셨던 것과 일치한다면 그는 이 질문에 긍정적으로 대답할 것이다. 하나님께서 그의 존재 안에 그가 소유해야 할 어떤 야망과 이상, 기술을 심어 놓으셨기 때문에, 그가 하나님께로부터 주어진 것들을 실현할 때 기쁨이라는 정서가 드러난다. 이처럼 기쁨은 하나님으로부터 주어진 목적과 가치와 기술을 실현할 때 동반되는 정서이다. 따라서 우리가 지닌 목적과 이상 그리고 재주의 적합성 여부를 평가할 때 기쁨은 우리가 소홀해하지 않고 주의 깊게 살펴보아야 할 정서이다.

그러므로 어떤 사람이 야망과 이상, 기술과 연관되어 기쁨을 표출할 때, 우리가 동료로서 그것을 인정해 주고 받아줄 뿐만 아니라 나아가 그가 더 큰 기쁨을 느낄 수 있도록 도와준다면, 그는 야망과 이상, 기술을 자기 자신의 경험으로 소유할 수 있다. 그리고 그가 그것들을 보유할 때, 야망과 이상은 능동적으로 밀고 끄는 역동성을 발휘하고 기술과 재능은 그에 맞추어 능력을 발휘한다. 이런 역동성은 단지 충분한 재능이나 기술과 함께 야망과 가치를 소유한다는 것 이상의 그 무엇을 의미한다. 즉 그 역동성은 우리 자신이 목적에 의해 추진력을 얻고 이상에 따라 견인될 수 있는 우리의 능력과 관련이 있다. 이 말을 질문으로 바꾸어 표현하면 다음과 같다. 우리가 자신의 목적을 이루기 위해 앞으로 나아가는 자발성을 지니고 있는가? 혹은 자발적으로 이상에 의해 이끌리고 있는가? 혹은 상황에 따라 우리의 야망과 이상에 맞추어 우리 자신의 기술과 재능을 조절할 수 있는가?

예를 들어, 만약 어떤 사람의 야망이 부자가 되는 것이라고 하자. 그런데 만약 부자가 되겠다는 그의 야망이 절제할 수 없을 정도로 그를 밀어붙일 때, 그가 그것을 다스릴 만한 이상이 없다면 그는 삶의 중요한 많은 측면을 희생할 가능성이 있다. 자신의 건강, 다른 사람들과의 관계, 자신의 명성, 자부심 등이 그런 것이다. 마찬가지로, 어떤 사람이 가난은 악이라는 이상을 갖고 있을 때, 만약 그가 세상에서 가난을 없애려는 야망을 지니고 있지 않다면 그는 그저 앵무새처럼 그 이상을 반복해 말할 뿐 그에 대해 어떤 것도 실천에 옮기지 못한다. 그러나 그의 야망이 부자가 되는 것이며, 그의 이상은 부자는 근면하고 총명하기 때문에 부자가 된 것이고 가난한 자는 게으르고 멍청하기 때문에 가난하다는 것이라면, 그는 가난 이면에 존재하는 사회적으로 복잡함을 이해하거나 가난한 자들이 비참한 상황에서 벗어나도록 돕는 대신 그들을 경멸하는 속물의 한 사람으로 여기며 세상을 살아갈 것이다.

더욱이, 어떤 사람의 야망이 최고의 가수가 되는 것이고 그의 이상이 공연에서 최고의 실력을 뽐내는 것이라면, 그는 가수로서의 재능과 기술의 수준을 끌어올리기 위해 반복적으로 연습하며 최선의 노력을 다할 것이다. 그리고 그런 노력은 일반적으로 긍정적인 결과를 가져온다. 그러나 이상과 야망이 아무런 융통성 없이 가능한 모든 상황에서 무조건 최고가 되는 것에 맞추어져 있어서 그가 가수로서 각각의 상황에 맞추어 어떻게 기술을 조절해야 할지 잘 모른다면, 그는 아마 어떤 상황에서는 바보 취급을 받을 수 있다. 만약 그가 가요제에 참가한다면, 최선을 다해 준비하는 것이 올바른 자세일 것이다. 그런데 만약 세 살짜리 아이가 와서 자기가 세상에서 노래를 제일 잘한다며 도전해 왔을 때, 만약 그 세 살짜리가 아니라 바로 자신이 세상에서 최고의 가수라는 것을 보여 주려고 그가 그 상황에서 최선을 다해 노래를 부른다면 얼마나 우스꽝스럽겠는가? 세상에서 자기가 노래를 제일 잘한다는 그 아이의 생각이 옳다고 인정해 주는 차원에서 노래를 잘 못하는 것처럼 불러야 적절하지 않겠는가?

우리가 야망과 이상 그리고 기술과 관련된 경험을 우리 자신의 것으로 소유하기 위해서는 기쁨발견자들이 우리 자신의 경험을, 비록 그것이 비현실적이고 부정확하며 심지어는 도덕적이지 못하다 할지라도, 용납해 줄 정도의 융통성이 있어야 한다. 여기서 기쁨발견자들이 다른 이들이 갖고 있는 자신들과 다른 점들을 수용할 수 있게 해 주는 것은 다름 아닌 그들 안에 있는 견고한 '자기확신감'(secure sense of assurance)이다. 예수께서 세리들과 창녀들에게 그러셨던 것처럼 기쁨발견자들이 비천한 자들을 받아들일 수 있는 것도 그들 안에 있는 확고한 존재적 확신 때문이다. 바로 그들의 흔들리지 않는 존재적 확신은, 어떤 불안이든 내부에 쌓이는 일 없이 평안한 마음으로 완벽하지 못한 현실적인 지각을 우리 자신의 진정한 경험으로 인정해 줄 수 있게 한다. 일상생활에서 경험하는 다음의 한 사례는, 기쁨발견자들이 비록 자신의 기대에는 미치지 못하더라도 우리의 경험을 마치 자기 자신의 경험인양 수용해 줌으로써 우리가 우리 자신의 경험을 소유 내지는 인식할 수 있도록 도와주는 것을 잘 설명해 준다.

세 살 된 아이가 어두움을 무서워할 때 아빠는 어두움 속에는 두려워할 만한 것이 아무것도 없기 때문에 무서워하지 말라고 말할 수 있다. 아이는 아빠가 지닌 합리적이고 어른에게나 적합할 것 같은 어두움에 대한 이해의 도움을 받아 용기를 얻을 수 있고, 나아가 어두움에 대한 두려움을 극복할 수 있다. 그러나 같은 상황에서 아빠는, 마치 아이의 두려움을 함께 나누어 가진 것처럼, 아이의 두려움을 처음에 인정해 주고 그다음에 아이가 어두움에 대한 무서움에서 빠져나올 수 있도록 도울 수 있다. 첫 번째 상황을 보면, 비록 아빠의 의도는 아이가 무서움을 극복하도록 돕는 것이었지만, 아이는 어두움을 무서워하는 것은 비합리적이라고 하는 아빠의 합리적 설명을 억지로 받아들여야 하는 상황이다. 아빠는 아이에게 어두움에 대한 두려움이 비합리적임을 받아들이고 그것을 포기하도록 압력을 행사하고 있다. 후자의 상황에서는, 아빠는 아이의 두려움이 마치 자신의 것인양, 실제로는 그렇지 않지만, 포용함으로 아이를 도와주고 있다. 그래서 아빠의 도움으로 아이는 어두움에 대한 무서움을 자신의 경험으로 인식할 뿐만 아니라 어두움에서 빠져나오는 경험도 자신의 성취로 소유하게 된다. 그래서 아이는 어두움에 관련된 무서움을 상상이나 비합리적인 경험이 아닌 실제 경험으로 확증하는 경험을 한다. 그리하여 아이는 자신을 진정한 모습 그대로 경험한다. 다음과 같은 아이와 엄마의 대화는 기쁨발견자가 아이의 기쁨에 어떻게 반응하는지를 보여 주는데, 이것은 아이의 말이 얼마나 비현실적이고 정확하지 못하며 심지어는 도덕적이지 못한지를 지적하는 것과는 다른 방식이다.

아이 : 엄마, 일 더하기 일은 삼이에요.
엄마 : 그래 옳지. 이제 내 아이가 덧셈을 배우기 시작했구나.

아이 : 엄마, 나는 이 세상에서 제일 귀여운(강한) 사람이에요.
엄마 : 당연하지. 너는 최고로 귀엽고(강하고) 이 세상의 모든 사람 중에 최고란다.

아이 : 엄마, 캐런은 나빠요. 캐런이 죽었으면 좋겠어요.
엄마 : 캐런이 네게 나쁘게 했다니 속상하구나. 너 참 많이 상처받은 모양이구나. 캐런이 죽었으면 하는 생각까지 했으니 말이다.

아이 : 엄마, 걔는 참 이상해요. 내가 마시고 있는 음료수를 똑같이 마시려고 해요.
엄마 : 네가 갖고 있는 음료수가 참 특별한 모양이다. 모두가 그것을 갖기를 원하니 말이다.

아이 : 엄마, 나는 더 커지고 커져서 저 구름에 닿을 거예요.

엄마 : 물론이지. 너는 더 커지고 커질 거야. 부디 나를 너의 어깨에 올려 주렴. 그래서 함께 날아가는 새와 이야기하자꾸나.

기쁨으로 가는 길은
우리 안에 건강한 자존감을 촉진한다

기쁨을 발견하기 위해 우리는 목적과 야망과 관련된 우리 자신의 경험을 소유하도록 우리 안에 있는 건강한 자부심을 타인에게 인정받고 또 우리가 자부심을 지니도록 격려받아야 한다. 적절한 범위 안에서 우리 안에 있는 자부심은 인정받고 강화될 필요가 있는데, 이 자부심은 결국 생동하는 야망으로 발전된다. 우리 안에 자부심을 견고히 하기 위해서는 건강한 자부심이 충분히 인정받을 필요가 있다. 우리는 종종 누군가의 자부심을 인정해 주면 그가 자신을 과대하게 여기게 될까 봐 염려한다. 그러나 전통적인 이해와는 달리, 그가 스스로를 과대하게 여기는 성향을 길들일 수 있으려면 그의 자부심은 오히려 인정받아야 한다. 예를 들어, 세 살 난 어린아이가 얼마나 그가 강한지 자랑스럽게 이야기할 때, 우리는 그 아이가 자랑하며 경험하는 기쁨을 함께 나누며 반응할 수 있다. 이렇게 그의 자부심 속에 있는 기쁨을 나누는 것은 그 아이가 자신을 강한 사람으로 받아들이

도록 도움을 준다. 그럴 때, 그는 그 자신의 힘에 대한 감각이 현실적인지 그렇지 않은지를 구분할 수 있다. 기쁨을 공유하면서 이러한 인정을 반복하면, 자신의 힘에 대해 보다 현실적인 평가를 점차적으로 하게 되고, 그 자신의 힘에 대해 과장되게 생각하는 것을 조절하게 되며, 결국 건강한 자존감을 이루게 된다.

더욱이, 자부심을 제대로 인정받지 못해 자신의 경험을 소유하지 못한 사람들은 그 반대로 건강하고 적절한 자존감을 유지할 수 없게 된다. 이런 사람들은 과대한 자부심뿐만 아니라 고갈된 자부심으로도 힘들어한다. 그리고 그 두 극단, 즉 과대하고 오만한 자부심과 고갈되고 절망적으로 낮아진 자존감 사이를 끊임없이 왔다갔다 한다. 과대한 오만함과 낮은 자존감 사이를 끊임없이 오르내리는 롤러코스터(roller coaster)는 그들의 삶을 따라다니며 그들의 삶을 이끌어 간다. 그들은 너무 지나친 자부심과 너무 부족한 자존감 사이를 회전하며 삶을 소진한다. 이들은 삶의 공허함을 느끼고 열정, 활력, 생동감 그리고 기쁨을 잘 느끼지 못해 결국은 무력한 사람들 혹은 의무에 속박된 사람들이 되어 버린다. 그래서 기쁨으로 가는 길은 그들의 자존감이 현실적이 되도록 돕고 과대평가되거나 과소평가된 그들 자신의 모습을 점차로 떠나보내도록 돕는다. 달리 말하자면, 자신의 과대함을 내세우거나 낮은 자존감으로 철수하는 것은 제거되어야 하는 것이 아니라 용납되고 수용되어야 하는 것이다. 그래야 결국 과대하거나 고갈된 자기 상태에서 벗어날 수 있다.

그러나 앞서 언급했듯이 과대하거나 고갈된 자기 상태에서 벗어나게 하는 이 과정은 갑작스럽게 제거하는 것이 아니라 점차적으로 제거한다는 측면에서 생각해 보아야 한다. 피아노 혹은 어떤 운동을 마스터하기 위해서는 수없이 많은 실수가 있어야 하듯이, 과대한 자부심을 주장하는 것은 그가 그것을 실제로 길들이기까지 반드시 행해야 하는 실수라고 여길 필요가 있다. 예를 들어, 2살 된 아이가 자기는 새처럼 하늘을 날 수 있다고 자랑스럽게 말할 때 우리의 적절한 반응은 다른 사람들처럼 그도 날 수 없다는 것을 지적하거나 혹은 정말로 날아보라고 요구해서 그의 자부심을 뭉개 버리는 대신 그의 주장을 수용해 정말로 그가 날 수 있다는 것을 인정해 주는 것이다. 다시 중요한 이야기를 언급하자면, 우리는 기쁨을 나누며 어린아이의 기쁨을 인정한다는 것이다. 하지만 어린아이가 매우 위험한 상황에서 날고자 한다면, 우리는 어린아이가 날 수 있다는 기쁨을 공유할 뿐만 아니라 특별한 상황에서 발생할 수 있는 위험 또한 가르치게 될 것이다. 자부심을 수용해서 그가 자신의 위대함을 소유할 수 있도록 도와주면, 그는 비현실적인 과대함을 떠나보내고 자신의 자부심에 대해 보다 현실적으로 평가하는 다음 단계로 이동하게 된다.

여기서 말하는 자부심(pride)은 보편적이고 절대적인 개념이 아니다. 위에서 암시되었듯이 그것은 상대적인 개념이다. 우리는 종종 자부심을 오만함이나 자신을 과대하게 여기는 마음과 연관시킨다. 그러나 여기에서 언급하고 있는 자부심은 자신의 능력을 가치 있게 여기는 어떤 특정한 시기의 긍정적인 자기평

가라고 말할 수 있다. 그래서 세 살 된 아이가 느끼는 자부심의 내용과 열 살 된 어린이가 느끼는 자부심의 내용은 서로 다르다. 20세인 청년과 30세인 청년의 자부심도 서로 다르다. 예를 들어, 세 살 된 아이는 방을 가로질러 반대편으로 공을 찰 수 있는 자신의 능력에 굉장한 자부심을 느끼지만, 일곱 살 된 어린이는 그렇지 못하다. 일곱 살 된 어린이는 한 문단의 글을 작성할 수 있는 자신의 능력에 큰 자부심을 느끼지만, 10대가 된 청소년은 그것에 대해 그렇게 느끼지 않는다. 그러나 만약 약간의 자폐증상이 있는 10대 청소년이 한 문단의 글을 작성했다면, 그는 일곱 살 된 어린이와 마찬가지로 흥분을 감추지 못할 것이다. 달리 말하자면, 자부심의 기준은 나이와 능력에 따라 다른 것이다. 그래서 자부심은 상대적이고 저마다 다른 상황에서 각각의 사람들에게 다양한 방식으로 경험된다.

그러나 한 가지 공통점이 있다. 자기 확신의 필요가 충족될수록 자부심은 더욱 현실적이 되며 건강한 자존감이 형성된다는 것이다. 바꾸어 말하면, 자기 확신의 욕구가 덜 충족될수록 자부심은 그만큼 더 비현실적이며 낮은 자존감을 피하지 못하게 된다는 것이다. 그래서 과대한 자부심을 드러내는 것은 그만큼 그 사람에게 존재적 확신감이 부족하다는 것을 의미한다. 그것은 또한 그 사람에게 미성숙하다는 이름표나 비현실적으로 자신이 과대하게 생각하는 것을 그만두라는 진심어린 충고가 아니라 과대한 자부심을 인정해 주는 것이 필요하다는 것을 말해 준다. 과대한 자부심을 인정받는다는 것은, 비록 그가 자신에 대해 부정확한 평가를 하고 있지만 그럼에도 그것이 그가 실제로 경험하고 있는 것임을 인정받는 것이다. 이런 이유로 그가 기쁨으로 가는 길을 걸어갈 수 있도록 그에게 필요한 반응을 보여 줄 수 있는 기쁨발견자가 있어야 한다.

기대와 기쁨 그리고 자부심의 태도를 갖는 것은 아이들이 걷게 되었을 때 우리가 취하는 태도와 유사하고, 우리를 기쁨으로 가는 길로 인도하는 훨씬 바람직한 접근이다. 예를 들어, 갓 태어난 아이는 움직일 수 없다. 그 아이를 등에 대고 눕히면 그냥 그 상태로 있다. 우리는 아이가 움직이지 못하는 일정 기간을 받아들여야지 그 아이에게 이렇게 말할 수 없다. "이제 가만히 있지만 말고 구르기 좀 시작하렴, 제발!" 우리는 아이에게 누워만 있지 말고 움직이라고 강요할 수 없다. 우리는 아이를 게으르다고, 무력하다고, 고집이 세다고 비난할 수 없다. 우리는 아이에게 다른 사람의 도움을 기대하지 말라고 하지 않는다. 우리가 아는 바로는, 그것이 바로 영아의 상태다. 우리는 이것을 수용해야 하고 아이의 움직이지 못하는 상태를 신체 발달의 지극히 정상적 일부분으로 알고 즐겨야 한다. 적당한 때에 아이가 구르게 될 것이라고 기대하면서 말이다.

아이가 뒤집기를 시작하자마자 그 가족은 황홀한 상태에 빠진다. 아이가 뒤집기를 한 것에 대해 가족들은 흥분해서 큰 소리로 떠든다. 엄청난 양의 기쁨과 자부심이 존재하는 것이다. 아이의 다음 발달 단계를 기대하면서 아이의 신체발달을 수용해야 하는 것처럼, 우리는 과장되어 있는 비현실적인 경향에 길들여지면서 성향으로서의 기쁨 발달을 기대해야 한다. 한편 그 단계들을 있는 그대로 수용해야 한다. 어린아이가 신체발달 단계의 과제를 숙달해 가는 것을 기쁨과 자부심으로 축하해 주듯이, 우리는 성향으로서의 기쁨 발달을 저해하는 요소들을 털어 버리며 단계마다 발달해 가는 것을 기쁨과 자부심으로 축하해야 한다.

전통적인 이해에 따르면 어떤 사람이 자부심을 표현할 때 그것을 인정하고 용납해 주는 기준은 그가 표현하는 자부심이 옳으냐 그르냐, 진짜냐 거짓이냐, 현실적이냐 비현실적이냐 하는 것이었다. 그러나 위에서 언급했듯이, 그 기준은 그가 자부심을 표현할 때 기쁨을 동반하고 있느냐 하는 것이어야 한다. 물론 우리가 옳은 것과 그른 것, 참과 거짓, 현실적인 것과 비현실적인 것, 특별히 도덕적인 것과 비도덕적인 것을 구별하는 데 신경을 써야 한다. 그러나 우리가 깨닫지 못하고 있는 것은 그것이 하나님이 우리를 위해 창조해 놓으신 이 세상의 전부는 아니라는 점이다. 탕자의 비유가 확실히 보여 주는 것은 하나님의 세계는 세세한 것까지 정확하게 따지고 계산하는 세상이 아니라는 점이다. 첫째 아들은 그 자신과 동생의 삶의 모든 순간을 따져서 각자 무엇을 받을 만한지 셈하기를 원했다. 우리는 둘째 아들의 그다지 바람직하지 못한 요구를 수용해 잘못을 겪어 보게 한 아버지의 모습과 그 아들을 무조건적으로 축하하는 마음으로 받아들인 아버지의 모습에 하나님이 반영되어 있는 것을 알 수 있다. 우리가 여기에서 보는 하나님은 옳은 것과 그른 것,

도덕적인 것과 비도덕적인 것 그리고 진실한 것과 거짓된 것으로 나누는 세계와는 다른 세계를 펼쳐 보이신다. 물론 진실하고 도덕적인 기준이 건전한 삶의 근본이기는 하다. 하지만 하나님의 완전한 인성에 도달하고자 노력하는 우리는, 여전히 받아들이기 힘들지만 삶의 과도기적 단계에 있음으로써 긴장감을 경험한다. 오직 도덕적이고 진실한 기준만을 주장하는 태도보다는 삶에서의 유쾌한 태도가 그러한 긴장감을 견딜 수 있게 해 준다는 사실을 알아야 한다.

다른 사람이 자부심을 드러내고 그와 동반된 기쁨을 표현할 때 우리의 관심과 마음을 기울여 주는 태도는 빈틈없이 일하며 정확함을 따지는 회사직원 같은 태도보다 더 바람직하다. 우리는 관심의 초점을 옮겨 정확하고 올바르고 현실적이고 적절하고 도덕적인가의 문제를 따지기보다는 다른 사람들의 자부심에 동반되는 기쁨을 찾아야 한다. 그리고 1장에서 이미 언급했듯이 기독교인들이 집착적으로 의무를 완수하고, 금욕적인 생활을 하고, 물질적인 것에 불편함을 느끼며, 쾌락을 나쁘게 생각하고, 핍박 중의 기쁨에 양가감정을 갖는 것이 그들로 하여금 자부심에 대해 긍정적인 태도를 갖지 못하도록 방해한다는 점에 주목해야 한다. 우리는 자부심 안에 담긴 기쁨에 관심을 기울이지 못할 뿐만 아니라 자부심을 표현하도록 다른 사람을 격려하는 것도 주저한다. 교회는 자부심에 내포된 교만한 측면만을 강조하면서 그것을 죄 중의 죄로 정해놓고 어떠한 자부심의 표현도 폐기처분해야 하는 것으로 여긴다. 그리고 겸손을 기독교인들이 성취해야 하는 최고의 덕목으로 높이 등용시켰다. 그 결과 긍정적인 자부심을 표현하는 것도 무조건 기독교인의 삶에서는 위험한 것으로 취급된다. 그리고 기독교인들은 긍정적인 자부심과 죄악된 자부심을 구별하는 데 힘을 기울이지 못하고 비교적 쉬운 길, 즉 모든 자부심을 드러내지 못하도록 하는 길을 택했다.

'이것 아니면 저것(either-or)'의 세상을 만들려고 하는 대신 우리는 세상이 '이것 아니면 저것'의 세상과 '위에 그리고 너머에(above-beyond)'의 세상이 결합된 것으로 볼 필요가 있다. '위에 그리고 너머에'라는 표현을 썼지만, 천국이 실로 이 세상 위에 그리고 이 세상 너머에 있다는 것을 말하려고 한 것은 아니다. 내가 말하고자 하는 것은 옳고 그른 것, 도덕적인 것과 비도덕적인 것 그리고 참과 거짓이라는 범주를 넘어 또 그런 범주 위에, 이 세상의 또 다른 현실이 있다는 것이다. 기쁨은 주로 이 '위에 그리고 너머에'의 세상 때문에 생겨난다. 그것은 우리의 일상에 출현하는 하나님 은혜의 세상이다. 그리고 우리가 받을 자격이 아예 없거나 혹은 거의 없는 것들이 우리에게 주어질 때 기쁨은 창조된다. 기쁨은 이 세상이 단지 '하나 더하기 하나는 둘'의 세상이 아니기 때문에 생겨난다. 기쁨은 이 세상에는 많은 가능성, 즉 '일 더하기 일은 셋, 다섯, 혹은 천'이 될 가능성이 있는 세상이기 때문에 나타난다. 기쁨은 다음과 같은 것과 관련이 있다. 여분, 조금 더, 예상치 못한 것, 성장…. 우리가 우리의 자존감 안에서 혹은 다른 사람의 자존감과 연합하여 기쁨을 발견할 때 우리는 기쁨으로 가는 길을 걷고 있는 것이다. 그래서 기쁨은 발견되고 인정되어야 한다.

기쁨으로 가는 길은
다른 사람의 자부심(pride)에 참여하는 것이다

기쁨으로 가는 길을 걸어갈 때, 우리가 지닌 자부심을 다른 이들에게 인정받는 것도 중요하지만 다른 이들의 자부심에 참여하는 것도 중요하다. 우리에게는 기쁨발견자들이 필요한데 그들은 우리 안의 자부심을 인정해 주고 확인해 줄 뿐만 아니라 그들의 자부심에 우리가 함께 참여하는 것도 허락하는 사람들이다. 우리가 이상화하는 사람들이 지닌 자부심에 참여할 때, 우리는 삶의 이상과 가치를 발견하는 기쁨을 누린다. 우리는 종종 어린아이들이 엄마나 아빠, 혹은 할머니나 할아버지에게 다음과 같이 말하는 것을 듣곤 한다. "이 다음에 어른이 되면 나는 엄마(아빠, 할머니, 할아버지)같이 될래요." 이 말은 그들의 부모나 조부모 혹은 다른 이상적인 사람들을 우러러보고 그들의 자부심이 마치 자기 것인양 여기는데서 오는 기쁨을 표현한 말이다. 다른 사람의 자부심에 참여하는 기쁨을 누림으로, 우리가 자랑스럽게 소유할 이상과 가치를 계발하게 된다.

우리가 우러러볼 수 있는 사람이 주변에 존재한다는 것은 큰 축복이다. 왜냐하면 우리가 그들의 자부심을 빌려와 그것이 마치 나의 것인양 누릴 수 있기 때문이다. 이것은 아이가 불안을 느낄 때 엄마나 아빠에게서 진정시키는 능력을 빌려오는 것이나 혹은 평안할 때든 연약할 때든 어린아이가 부모에게 자부심을 빌려와 자신의 자부심을 증가시키는 것과 비슷한 경우이다. 아이들은 자신들이 이상화하는 대상이 갖고 있는 자부심에 참여할 때 무엇이든 할 수 있다는 느낌을 갖는데 이때 그들은 기쁨을 느낀다. 이 기쁨은 그들이 마치 전능한 것 같은 존재에 의해 인도를 받고 그에게 속한 것 같은 느낌에서 비롯된 것이다. 이 기쁨은 아무것도 그들을 방해하거나 그들에게 해를 끼칠 수 없고, 그 어느 것도 그들이 추구하는 것을 성취하지 못하게 막지 못할 것이라는 확신에서 온다. 이 기쁨은 존재의 고요한 확신감에서 비롯된다.

이런 맹목적인 이상화와 이상화한 대상에게 맹목적으로 전능한 힘을 부여하려는 태도는 매우 유치하고 불건전한 모습일 수 있다. 그러나 우리는 기쁨을 찾기 위해 누구나 다른 사람을 맹목적으로 이상화하는 단계에서 출발한다는 것을 기억할 필요가 있다. 왜냐하면 우리가 성향으로서의 기쁨을 계발시키기까지 가치나 이상에 대한 현실적인 감각을 소유하지 못하기 때문이다. 이상화된 대상이 맹목적인 이상화를 용납해 줄 때, 아이들은 그 맹목적인 이상화를 포기하고 이상화된 대상을 보다 현실적으로 인식하는 단계로 점차 나아갈 수 있다. 중요한 점은 아이들이 이상화하는 대상을 보다 현실적으로 인식하기 위해서는 이상화된 대상으로부터 점진적으로 실망을 느껴야 한다는 것이다. 이런 식으로 외상에 의해 점진적인 실망의 과정이 붕괴되는 일이 없다면 아이들은 자신의 이상과 가치들을 발전시키는 기쁨을 맛볼 수 있다.

그래서 우리는 기쁨발견자들이 필요한데, 이들은 자신들의 자부심에 우리를 동참시켜 줄 수 있는 이상화된 대상이 될 수 있기 때문이다. 사람들은 불행하게도 자신들의 자부심에 다른 이들이 동참하는 것을 허용해도 되는지 확신을 갖지 못한다. 예를 들어, 어떤 여자아이가 엄마처럼 되고 싶다는 말을 했을 때 엄마는 미소를 지으며 그런 말을 듣는 것이 정말 기쁘고 즐거운 일이라는 반응을 보여 줄 수 있다. 말하자면, 엄마는 아이가 엄마 자신을 이상화하는 것을 즐겁게 용납할 수 있다. 그러나 엄마가 스스로에 대한 자부심이 없어 딸이 자신을 그렇게 높이 평가하는 것에 불편한 마음이 들면, 엄마는 미소로 반응은 하지만 자기 자신에 대해 딸아이에게 애매한 태도를 보일 수 있다. 어떤 엄마는 딸의 그런 말을 전적으로 무시해 버릴 수도 있다.

첫 번째 경우에 엄마는 딸의 이상화를 전적으로 수용하고 있는데, 이는 엄마가 현실적인 것과 비현실적인 것, 옳은 것과 그른 것, 정확한 것과 부정확한 것, 혹은 도덕적인 것과 비도덕적인 것의 구분을 넘어설 수 있기 때문이다. 물론, 그 엄마는 딸아이가 이상화하는 것만큼 완전하지도 않고, 이상적이지도 않으며, 능력이 있지도 않다는 것을 잘 안다. 그러나 엄마는 엄마를 그런 이상적인 존재로 보고 싶은 딸아이의 필요와 그로 인해 기쁨을 느끼고 싶은 마음을 잘 감지하고 그에 응하고 있다. 하지만 다른 두 경우에서는, 확실한 안정감을 보장받아야 하는 자신의 필요에 더 사로잡혀 있기 때문에 엄마는 별로 완전하지 못한 자신이 드러나는 것이 부적절하다는 사실만 생각할 뿐이다. 그리고 자신이 부적절하다는 것에 사로잡혀 있음으로 엄마의 자부심을 마치 자기 것인양 빌려 딸아이가 자신이 힘 있고 능력 있다는 것을 느끼고 싶어 하며 또 그로 인해 기쁨을 느끼려 한다는 사실을 감지하지 못한다.

우리의 이상화 대상이 될 수 있을 뿐만 아니라 우리가 자랑스럽게 여길 수 있는 이상과 가치를 계발하도록 기쁨발견자들을 만난다는 것이 얼마나 중요한가! 진지하지만 자신의 놀이성(playfulness)으로 인해 옳은 것과 그른 것, 도덕적인 것과 비도덕적인 것, 정확한 것과 부정확한 것, 혹은 현실적인 것과 비현실적인 것을 까다롭게 따지지 않고 우리를 자신의 자부심에 참여하도록 초대하는 그런 기쁨발견자를 만나는 것이 얼마나 중요한가! 한없이 높아진 뒤에 결국은 다시 낮아지게 될 것을 예상하면서도 그것을 전혀 두려워하지 않는 기쁨발견자를 만나는 것이 얼마나 중요한 일인지 충분히 상상할 수 있다. 따라서 우리를 육체적 능력 너머의 세계로 연결시켜 주어 기쁨이 차고 넘치는 하나님의 세계를 진정으로 경험할 수 있도록 도와주는 기쁨발견자를 만나는 것이 중요하다. 그래서 기쁨은 다른 이에 의해 주어지는 것이고 다른 사람이 나누어 주어야 하는 것이다.

우리는 무엇이 나쁜 것인지 가르치지 않으면 아이들은 바람직하지 못한 상태에 머무를 것이고, 무엇이 선한 것인지를 가르치면 아이들은 변화되어서 우리가 가르친 선을 행할 것이라고 상식적으로 생각한다. 그래서 아이들과 다른 이들에게 무엇이 옳고 무엇이 그른지, 무엇이 도덕적이고 무엇이 비도덕적인지를 가르치려고 한다. 그러나 기쁨으로 가는 길과 관련해 정말 부족한 것은 지식이 아니라 우리 자신의 자부심에서 비롯되는 기쁨과 다른 사람의 자부심을 마치 우리 자신의 경험인양 함께 나누고 싶은 욕구에서 생겨나는 기쁨을 인정받는 것이다. 그러므로 기쁨으로 가는 길을 촉진시키기 위해서는 옳은 것과 그른 것, 도덕적인 것과 비도덕적인 것을 가르치는 것과 대조되는 지혜가 있어야 한다. 옳은 길과 도덕적인 삶을 가르치는 것은 삶의 중요한 부분이기는 하지만 기쁨으로 가는 길에서는 모든 상황에 적용되는 바르고 도덕적인 반응보다는 주어진 상황에 따른 바르고 윤리적인 반응을 찾는 지혜가 더 필요하다. 사람과 상황에 따라 달리 반응할 필요가 있다는 것을 인정하면서 기독교적이고 윤리적인 가르침에 주의를 기울여야 기쁨으로 가는 길을 보다 빨리 갈 수 있다. 기쁨으로 가는 길은, 우리가 강박적으로 따지는 의와 도덕성을 내려놓고 진지함과 함께 유머로 우리의 한계와 연약함을 품어 주시는 하나님의 선하심에 언제나 더욱 의존하는 것이다.

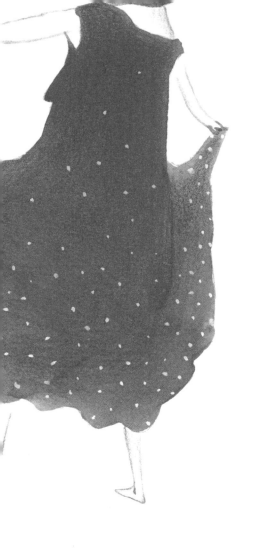

5 장

기쁨의 영성

이제 성서와 심리학에 바탕을 두고 기쁨을 검토하여 기쁨의 영성을 발전시켜 보고자 한다. 기쁨의 영성은, 먼저 하나님이 기쁨의 창조자, 담지자, 제공자 그리고 수여자라는 인식에서 출발한다. 더불어 기쁨의 영성은 하나님을 우리에게 완전한 기쁨을 제공하는 궁극적 기쁨발견자로 인식하게 한다. 성향으로서의 기쁨에 대한 이해와 기쁨발견자의 몇 가지 속성이 기쁨의 영성의 구체적 특징을 나타낸다. 기쁨의 영성과 관련 있는 두 신학적 개념은 회개와 겸손이다. 기쁨의 영성은 하나님이 우리에게 주신 모든 기쁨을 누리지 못했음에 도전을 주며, 또한 우리가 기쁨거절자인 다른 사람을 위해 기쁨발견자가 되지 못했음을 돌아보게 한다. 기쁨을 누리지 못한 우리의 무능력을 회개함으로, 우리는 만족의 자리에 이를 수 있다. 기쁨의 영성에서 겸손은 성향으로서의 기쁨을 발달시키지 못하는 우리의 무능력을 인식하는 기본 바탕이다. 그러므로 기쁨의 영성은 성향으로서의 기뻠을 발달시키기 위해 우리가 하나님과 다른 기쁨발견자를 의지해야 함을 인정해야 한다. 기쁨발견자가 되어 감에 따라, 지속성과 감사가 우리 삶의 주요한 이야기가 될 것이다. 결과적으로, 기쁨의 영성은 다른 사람이 기쁨발견자가 되게 하는 하나님의 회복 사역에 동참하는 기쁨발견자의 소명을 우리에게 일깨워 준다.

하나님은 기쁨을 창조하신 분이요, 기쁨을 지니신 분이요, 기쁨을 주시는 분이요, 기쁨을 받으시는 분이시다

우리는 2장에서 예수가 기쁨을 지니신 분이요, 기쁨을 주시고 기쁨을 받으시는 분임을 살펴보았다. 하나님도 예수를 통해 기쁨을 지니시고, 기쁨을 주시며, 기쁨을 받으시는 분이라고 할 수 있다. 더욱이 하나님은 삶의 다른 모든 것을 창조하셨듯이 기쁨도 창조하셨다. 창세기에 보면, 각각의 날에 창조를 마치셨을 때에 하나님께서는 아주 만족스러워하시며 말씀하셨다. "보시기에 심히 좋았더라"(창 1:31). 이것이 하나님의 창조 행위와 피조물을 향해 기뻐하시는 하나님의 표현이다. 창조 행위 그 자체는 하나님의 기쁨의 표현이고 피조물은 하나님과 인간에게 기쁨의 자원이다. 매우 유명한 재즈 아티스트였던 루이 암스트롱 (Louis Armstrong)은 아름다운 하나님의 피조물과 사람들 간에 돌보고 사랑하는 관계로 말미암는 기쁨을 그의 유명한 노래, "얼마나 아름다운 세상인가"(What a wonderful world)에서 잘 표현하고 있다. 그 가사는 세상과 사람들이 어떻게 서로에게 기쁨발견자가 되어 줄 수 있는지 그리고 그 기쁨이 우리를 서로에게 그리고 세상에 어떻게 연결시켜 주는지를 표현한다. 암스트롱은 아주 단순하지만 깊이 있는 언어로 하나님의 피조물, 즉 자연과 인간에게서 발견되는 기쁨을 잘 포착하고 있다. 세계 도처에 퍼져 있는 재앙과 고통에도 마음에 깊은 인상을 남기는 목소리로 노래함으로써 그는 기쁨발견자가 되어 다른 사람에게 기쁨을 가져다줄 뿐만 아니라 하나님께서 이 세상을 위해 창조하신 기쁨을 그들이 발견하도록 돕고 있다.

하나님은 완전한 기쁨을 주시는 궁극적인 기쁨발견자이시다

하나님은 궁극적인 기쁨발견자이시다. 이는 하나님만이 유일하게 삶에 완전한 기쁨을 공급하시기 때문이다. 앞서 말한 것처럼, 삶의 의미가 있는 곳에 기쁨이 있다. 우리는 사물이나 상황의 선함이나 아름다움에서 쾌락을 얻을 수 있다. 그러나 기쁨은 사물, 사람, 관계 그리고 상황에 의미가 부여될 때 생겨난다. 하나님은 예수 그리스도를 우리에게 주심으로 인간의 삶에 결코 파괴되지 않는 의미를 부여하셨다. 그렇게 하심으로 하나님은 우리의 삶을 변화시키셔서 우리의 삶이 기쁨의 자원이요, 기뿜을 담고 있는 그릇이 되도록 하셨다. 하나님께서 예수를 인간의 모습으로 우리에게 보내신 것은 우리에게 회개할 수 있는 권리(the ownership of our repentance)와 죄의 용서를 누릴 수 있는 권리를 주시기 위함이었다. 하나님은 인간의 죄가 사라지도록 명령하실 수도 있었다. 그러나 하나님은 예수 그리스도 안에서 인간의 모습을 취하시고 하나님 자신을 죄 가운데 놓여 있는 위치까지 낮추신 것이다. 예수 그리스도 안에서 하나님이 자신을 낮추신 것은 우리가 구원의 과정에 참여하도록 허락하시는 하나님의 궁극적인 행위이다. 이로써 우리는 죄로 물든 우리의 본성을 인정하고 우리를 얽매는 죄에서 벗어나 기쁨을 누림으로 구원의 과정에 참여할 수 있다. 더욱이 하나님은 우리가 하나님과 친밀한 관계를 유지할 수 있도록 성령을 우리에게 보내셨다. 그래서 우리가 성령을 통해 하나님과의 관계를 유지하고 있는 한 우리는 계속해서 의미 있는 삶을 살 수 있다.

시편 기자는 시편 98편에서 우리를 위한 궁극적인 기쁨발견자가 되어 주시는 하나님으로 인해 마음에서 솟아나오는 기쁨을 다음과 같이 노래한다.

새 노래로 여호와께 찬송하라
그는 기이한 일을 행하사
그의 오른손과 거룩한 팔로 자기를 위하여
구원을 베푸셨음이로다
여호와께서 그의 구원을 알게 하시며

그의 공의를 뭇 나라의 목전에서 명백히 나타내셨도다

그가 이스라엘의 집에 베푸신

인자와 성실을 기억하셨으므로

땅 끝까지 이르는 모든 것이

우리 하나님의 구원을 보았도다

온 땅이여

여호와께 즐거이 소리칠지어다

소리 내어 즐겁게 노래하며 찬송할지어다

수금으로 여호와를 노래하라

수금과 음성으로 노래할지어다

나팔과 호각 소리로

왕이신 여호와 앞에 즐겁게 소리칠지어다

바다와 거기 충만한 것과

세계와 그 중에 거주하는 자는

다 외칠지어다

여호와 앞에서 큰 물은 박수할지어다

산악이 함께 즐겁게 노래할지어다

그가 땅을 심판하러 임하실 것임이로다

그가 의로 세계를 판단하시며

공평으로 그의 백성을 심판하시리로다

시편 기자가 깊이 있게 표현했듯이, 이 형용할 수 없는 벅찬 기쁨은 하나님께서 이스라엘 백성에게 신실하셨기 때문에 존재했다. 넓디 넓은 태평양의 동쪽 끝과 서쪽 끝이 일어나 그들의 손을 들어 박수치는 모습을 우리가 상상해 볼 때 시편 기자가 묘사한 그 웅장하고 강렬한 기쁨을 상상한다는 것이 얼마나 감격스러운 일이겠는가! 터져 나오는 기쁨의 거대함이 경외심에 사로잡혀 있는 우리의 전 존재를 사로잡고, 하나님으로부터 오는 기쁨으로 가득 채우도록 우리를 비우게 한다. 그 하나님은 고난의 때에도 기쁨의 때에도 언제나 우리에게 신실하시다. 하나님은 예수 그리스도의 죽음과 부활을 통해 죄와 죽음을 이기신 것을 보이셨을 뿐만 아니라 성령을 통해 오늘날 우리의 삶에도 개입하신다. 성령의 사역을 통해 하나님의 성실하심과 우리를 향한 지대한 관심은 계속된다.

예수께서는 요한복음 15장에 등장하는 포도나무와 가지의 비유를 통해 우리와 예수 그리스도와의 관계를 말씀하심으로 하나님과 우리가 끊어질 수 없게 단단히 연결되어 있는 관계임을 말씀하셨다. "내 안에 거하라 나도 너희 안에 거하리라 가지가 포도나무에 붙어 있지 아니하면 스스로 열매를 맺을 수 없음 같이 너희도 내 안에 있지 아니하면 그러하리라 나는 포도나무요 너희는 가지라 그가 내 안에, 내가 그 안에 거하면 사람이 열매를 많이 맺나니 나를 떠나서는 너희가 아무 것도 할 수 없음이라"(요 15:4-5). 그리고 이어서 다음과 같이 말씀하셨다. "내가 이것을 너희에게 이름은 내 기쁨이 너희 안에 있어 너희 기쁨을 충만하게 하려 함이니라"(요 15:11). 예수께서는 또 이런 말씀을 다음과 같이 두 번 더 반복하셨다. "구하라 그리하면 받으리니 너희 기쁨이 충만하리라"(요 16:24). "내가 세상에서 이 말을 하옵는 것은 그들로 내 기쁨을 그들 안에 충만히 가지게 하려 함이니이다"(요 17:13). 예수께서는 기쁨에 대해 세 번이나 말씀하셨는데 특별히 우리가 예수께로부터 받는 기쁨이 우리의 기쁨을 충만케 하는 기쁨이라고 언급하셨다. 예수께서 주시는 기쁨은 일시적이고 부분적인 기쁨이 아니라 충만한 기쁨인 것이다. 그래서 예수 그리스도 안에서 하나님께서 주신 기쁨은 진정한 기쁨이요, 완전한 기쁨이다.

하나님을 궁극적 기쁨발견자로 부르는 것은 우리 기독교 실천에서 몇 가지 함축하는 바가 있다. 먼저, 성경을 매일 읽는 것과 꾸준하게 성경 공부에 참여하는 것은 기쁨의 영성을 추구하는 데 중요하다. 우리는 하나님을 매일 만나는 것이 필요하다. 그래야 하나님은 우리에게 기쁨발견자가 될 수 있다. 성경을 읽거나 공부하지 않고서는 하나님께서 어떻게 우리에게 기쁨발견자로 일하시는지 알지 못한다. 하나님은 성경을 통해 우리를 위한 사랑을 표현하시며, 우리가 기쁨을 누리도록 도우신다. 둘째, 매일 기도의 삶을 사는 것은 기쁨의 영성으로 가는 우리의 노력에 필수적이다. 매일 기도함으로 우리는 그날 읽게 될 성경에 나타난 의미를 이해한다. 매일 기도하는 것은 하나님의 말씀을 향한 신실함으로 우리의 문제를 넘어서도록 도우며, 세상이 우리에게 주입하려는 방향을 거슬러 삶의 기쁨을 누릴 수 있는 영적인 힘을 제공한다. 셋째, 매일 찬양을 듣고 부르는 것은 기쁨발견자로서 하나님을 묵상하는 데 큰 도움을 준다. 넷째, 하나님을 예배하는 것은 성경 봉독, 설교, 성찬식, 찬양을 통해 기쁨발견자이신 하나님을 경험하도록 돕는다. 성경 봉독, 설교, 성찬식 그리고 찬양은 하나님이 우리의 궁극적 기쁨발견자임을 상기시키고 또한 분명히 가르친다. 마지막으로, 다른 이들과 교제를 나누는 것은 기쁨의 영성 발달을 증진시킨다. 성도의 교제 가운데, 상호 간 기쁨을 발견하는 우리의 행위를 통해 하나님은 기쁨발견자가 되신다. 그러므로 우리는 서로를 위한 기쁨발견자로 부름받는다.

위에서 언급된 실천들은 이미 기독교인들이 수행하는 옛 신앙의 목록처럼 보인다. 성경을 읽고 공부하며, 하나님께 기도하고 예배하며, 찬양하고 성도의 교제를 나누는 것은 이미 오래 전부터 해 온 것들이다. 그런데 사실 몇몇 기독교인들은 이러한 전통적인 기독교 습관들을 삶과 동떨어져 있을 뿐만 아니라 지루하고 심지어 귀찮은 것으로 여긴다. 이것은 2009년 12월 24일 갤럽 여론 조사에서도 분명히 나타난다. 자신을 기독교인으로 여기는 미국인은 1969년 91%에서 2009년 78%로 13% 감소했고, 교인 수는 1937년 73%에서 2009년 63%로 10% 감소했으며, 종교를 중요하게 생각하는 인구 또한 1952년 75%에서 2009년 56%로 19% 감소했다. 반면 종교가 중요하지 않다고 생각하는 사람은 1952년 5%에서 2009년 19%로 14% 증가했고, 종교가 낡은 삶의 방식이고 필요하지 않다고 여기는 사람은 1957년

7%에서 2009년 29%로 증가했다. 이것은 기독교가 빠르게 변화하는 세상에 살고 있는 사람들에게 관심을 끌지 못하고 있다는 냉엄한 현실을 보여 준다. 교회는 종종 이러한 추세를 세속화 탓으로 돌린다. 그러나 나는 이러한 문제가 하나님, 성경, 예배, 기도, 찬양, 교제 등에서 기쁨의 요소를 제거했기 때문에 나타난 것이라고 본다. 따라서 교회와 기독교인들은 적당한 장소에 기쁨을 돌려놓고 기쁨의 생명력을 개인과 공동체의 삶 속에 회복해야 한다. 기쁨은 성경을 읽고 공부하며, 하나님께 기도하고 예배하며, 찬양하고 성도의 교제를 나누는 데 있어 주도적인 역할을 한다. 그럼으로써 그것들의 목적과 의미가 분명해지고 생명력을 얻게 된다.

회개는 기쁨의 영성의
첫 번째 단계이다

기쁨의 영성은 기쁨의 삶이 부족하다는 것을 인정하고 회개하는 것에서부터 출발한다. 우리의 삶을 자세히 살펴보면, 우리는 대부분 하나님으로부터 오는 기쁨을 잘 누리지 못하고 있다. 혹 기쁨의 삶을 살고 있는 것처럼 보인다 해도 실제로는 그렇지 않을 수 있다. 어쩌면 어느 정도까지는 기쁨의 삶을 살지만 하나님께서 주시는 기쁨을 충만히 누리지 못할 수 있다. 그래서 우리는 기쁨이 우리 삶에서 중요한 부분이 되지 못했음을 정직하게 고백해야 한다. 즉 "하나님, 제 삶을 기쁨으로 채워 주시려는 당신의 뜻을 거스르고 기쁨을 누리며 살지 못했습니다."라고 말하는 것에서부터 출발해야 한다.

그러나 우리 중에는 기쁨이 가득한 삶을 사는 사람들이 분명 존재한다. 그렇다면 나는 그들에게 당신이 정말 다른 사람을 위한 기쁨발견자로 살고 있는지 돌아보라고 말하고 싶다. 만약 그렇지 못하다면, 그들도 회개하고 다른 사람을 위해 하나님이 허락하신 우리 삶의 선물을 사용하지 못했음을 인정해야 한다. 그들은 다른 사람들의 삶에 기쁨을 가져다주는 기쁨발견자로서의 책임을 충분히 감당하지 못했다. 사실, 기쁨발견자로서의 역할은 쉽지 않다. 이는 성가시고 짜증나는 사람들을 힘써 지속적으로 붙들어 주어야 하기 때문이다. 무력한 사람들은 너무 기운이 없어서 당신에게 지나치게 많은 것을 요구할 수 있다. 의무에 묶인 사람들은 너무 완벽하고 까다로워서 결국 당신의 자존감에 상처를 입히고 당신을 씁쓸하게 할 수 있다.

에스겔서에 등장하는 마른 뼈의 환상에서 그 뼈들이 모여 부딪힐 때 많은 시끄러운 소리가 있었듯이, 기쁨발견자에게는 다른 사람들이 삶의 기쁨을 누리도록 돕는 동안 마른 뼈가 부딪히는 시끄러운 잡음을 이겨 낼 수 있는 강력한 헌신과 사랑의 마음이 필요하다. 무력한 사람과 의무에 묶인 사람을 대하는 데 있어, 아기를 기를 때 들였던 헌신과 비슷한 정도의 열심을 그들에게 내줄 필요가 있다는 사실을 기쁨발견자들은 기억해야 한다. 좌절, 무기력, 화 심지어 미움과 증오가 기쁨발견자로서 당신의 삶에 찾아올 텐데 그런 어려움은 당신이 정녕 다른 이들을 기쁨 발견자로 변화시키는 데 일조하고 있다는 사실을 확증한다. 어쨌든, 우리는 우리 자신을 돌아보며 다음과 같이 말할 것이다. "하나님, 당신이 말씀하신 것처럼 저는 제 이웃을 사랑하지 못했습니다."

회개는 기쁨의 영성 속에 만족(contentment)을 가져다준다

만족은, 어떠한 부족함도 위험한 것은 아니며 다른 이의 필요를 알 수 있기에 우리 자신뿐만 아니라 다른 사람을 위해 결정적인 행동을 취할 수 있다고 하는 확신감이 지배적일 때 찾아온다.

만족은 아기의 얼굴에서 쉽게 찾을 수 있다. 아기의 얼굴에 감정 표현이 잘 드러나지 않을 때 그들의 얼굴 표정은 만족하거나 혹은 만족하지 않는다는 둘 중의 하나를 나타낸다. 만족하는 것처럼 보이는 아기를 둔 부모는 다른 사람들이 이렇게 종종 하는 말을 듣는다. "이 아이는 만족스러워하는군요!" 또는 "이 아이는 편안해보이는군요!" 그래서 만족은 비교적 조용한 무엇, 아마도 왁자지껄한 것과 반대되는 그 무엇이다. 삶에 제공되는 것은 궁극적으로 하나님의 선물이며, 하나님의 선물은 좋은 것이라는 점이 삶에 대한 인간의 가장 기본적인 태도이다. 그래서 우리가 회개하고 하나님을 삶의 중심으로 모실 때 만족할 수 있다. 만족은 삶의 복잡성, 즉 삶이 충족과 기쁨뿐만 아니라 아픔과 그에 따른 여러 고통으로 채워져 있다는 사실을 인정하는 것이다. 그러나 만족은, 삶에 아무리 끔찍스러운 고난이 있을지라도 그것은 극복할 수 있는 것이고 삶이 고난으로 끝나지 않는다는 소망을 지닌 기본적인 믿음에서 시작된다. 우리의 삶은 가치 있으며, 새롭고 더 충만한 삶이 폭풍우가 지나간 후에 펼쳐질 것이다.

만족은 열왕기하 4장 8-37절까지에 나오는 수넴 여인의 이야기에 잘 묘사되어 있다. 수넴 여인은 엘리사가 수넴 지방을 지나갈 때 만났던 사람이다. 그녀는 부유했으며, 엘리사에게 식사를 대접했던 사람이다. 그 여인은 이후에도 엘리사가 수넴 지방을 지날 때마다 자신의 집에 머무르게 했다. 그 여인은 남편에게 이렇게 말했다. "항상 우리를 지나가는 이 사람은 하나님의 거룩한 사람인 줄을 내가 아노니(9절)." 그리고 이어서 엘리사가 자신들의 방에 머문다면 그것이 얼마나 좋은 일인가에 관해 언급했다(10절). 이에 대해 아마 그 여인이 부자여서 그렇게 한 것이라 말하는 사람이 있을지 모르겠다. 또한 엘리사를 하나님과 밀접한 관계에 있는 사람으로 생각해서 복을 받기 위해 그렇게 한 것이라 말하는 사람이 있을지도 모르겠다.

그러나 물질적인 부가 삶의 만족을 가져다준다는 통상적인 생각과는 달리 수넴 여인의 만족은 주로 부유함에서 비롯된 것은 아니었다. 그 여인의 만족은 다른 사람의 필요를 보고 그 필요를 채워 주기 위해 결정적인 행동을 한 데서 얻어졌다. 이는 그 여인이 자기 자신의 필요에 얽매여 있지 않았기 때문에 가능한 것이었다. 그러나 그것만이 꼭 만족과 가장 밀접하게 관련된 것은 아니다. "다른 사람의 필요를 채워 주기 위해 어떤 결정적인 행동을 할 수 있는가?"라는 질문에 대한 대답으로, 따뜻한 수용이 필요한 사람에게 미소를 지어 주고 혹은 고통 중에 있는 이에게 위로의 말을 전하는 단순한 행동에서부터 다른 사람의 병원비나 등록금, 심지어는 집세를 지불해 주는 비교적 대단하게 보이는 행동까지 다양할 수 있다. 그러나 우리가 경제적 혹은 육체적으로 다른 사람의 필요를 채워 줄 수 있느냐 혹은 우리가 다른 사람의 필요를 충분히 또는 부분적으로 채워 줄 수 있느냐의 문제는 만족이라는 측면에서 볼 때 이차적인 것이다. 만족과 관련해 주된 점은 다른 사람의 필요를 볼 수 있는 마음이 우리 안에 있느냐 하는 것이다. 결핍된 느낌에 의해 촉발된 우리 자신의 필요에 우리가 사로잡혀 있으면, 비록 우리 면전에서 다른 이들이 큰 소리로 울부짖고 있을지라도 그들의 필요를 무시할 수 있다.

그 여인의 만족은 도움에 보답하려고 게하시를 보내 필요한 것이 있는지를 묻는 엘리사의 요청에 그 여인이 공손하게 거절한 모습에서 아주 잘 나타난다. "네가 이같이 우리를 위하여 세심한 배려를 하는도다 내가 너를 위하여 무엇을 하랴 왕에게나 사령관에게 무슨 구할 것이 있느냐?(13절)" 엘리사의 질문에 그 여인은 간단히 대답한다. "나는 내 백성 중에 거주하나이다(13절)." 부유하든 그렇지 못하든, 우리 중 대다수는 안전을 위해 군

대장관이나 왕과 정치적 배경을 갖는 데 매우 관심을 보였을 것이고, 대부분 이 기회를 포착해 이득을 얻으려고 즉시 엘리사의 말을 이용했을 것이다. 그러나 이 여인의 단순한 대답은 자신의 삶에 충분히 만족하는 모습을 보여 준다. 엘리사가 제시한 것이 필요하지 않다고 분명하게 거절하는 표현을 사용하는 대신, 그 여인은 자신의 백성과 함께 사는 삶이 자신에게 더 없이 좋다고 말한다. 이 말은 아주 충분한 만족을 표현하고 있는 것이다.

엘리사는 쉽게 물러서지 않고 그녀의 삶에 필요한 것을 찾아냈다. 게하시의 조언을 듣고 엘리사는 그녀의 남편이 늙었지만 그 여인에게 아들이 생길 것이라 말했고, 그 말대로 그 여인은 아들을 낳았다. 그러나 불행하게도 그 아들은 어린 나이에 죽고 말았다. 이때 그녀가 보였던 결정적인 행동은, 만족이란 주어진 상황을 수동적으로 받아들이는 것이 아님을 잘 보여 준다. 아들이 죽었음을 알았을 때 그녀는 그 사실을 그냥 받아들이기보다는 엘리사를 만나는 행동을 취했다. 아들을 갖는 것이 불가능했을 때 엘리사가 그것을 가능하게 했던 것처럼 이번에도 자신의 아들을 다시 살릴 수 있을 거라고 생각했기 때문이다. 그녀의 행동은 그 당시 치료 행위에 대한 전통적 이해를 넘어선 것이었다. 그 여인은 그날이 초하루도 아니고 안식일도 아니었지만(23절) 즉시 엘리사를 만나러 갔다. 이것은 더 많은 행운을 바라며 성스러운 날에 선지자를 만나러 갔던 그 당시 사람들의 전통적인 관습과는 다른 것이었다.

인상적인 것은 엘리사의 보냄을 받고 게하시가 그녀에게 "너는 평안하냐 네 남편이 평안하냐 아이가 평안하냐?"(26절)라고 가족의 안부를 물었을 때 그녀가 보인 반응이다. 이 첫 번째 물음에 그 여인은 주저앉아 아들의 죽음에 대한 슬픔을 토해 내지 않았다. 그 대신 그녀는 "평안하다(26절)."라는 아주 간단한 말로 대답했다. 이에 대해 실제로 엘리사를 만나 큰 슬픔을 토해 낼 때까지 그녀가 기다린 것이라 말할 사람이 있을 텐데, 그럴지도 모르겠다. 그러나 아마 그녀에게는 엘리사가 그녀의 아들을 살려 낼 것이라는 평온한 확신감과 신뢰가 있었을 것이다. 실로 그 여인의 말은 집어삼킬 것 같은 폭풍우 가운데 누리는 평온의 표현이었다.

마침내 엘리사를 만났을 때, 그 여인은 망설이거나 부끄러워하지 않았다. 여인은 자신이 아들을 요구하지 않았음에도 엘리사가 어떻게 아들을 자신에게 주었는지를 말하면서, 이 불행한 일들이 일어난 것에 대해 원망했다. 엘리사는 게하시에게 지팡이를 가져오게 해서 그것을 아이의 얼굴에 놓으라고 명령했다. 그러자 여인은 엘리사의 명령에 불만족을 표시했고, 엘리사에게 함께 갈 것을 요구했다. "여호와께서 살아 계심과 당신의 영혼이 살아 계심을 두고 맹세하노니 내가 당신을 떠나지 아니하리이다(30절)." 그 여인이 엘리사와 함께 집으로 가는 동안 게하시는 먼저 가서 엘리사가 시킨 대로 그 지팡이를 아이의 얼굴에 놓았으나 아이는 깨어나지 않았다. 그 후 엘리사가 도착하여 기도하고 아이 위에 올라 엎드렸는데, 그때 아이가 살아났다. 엘리사는 그 여인에게 "네 아들을 데리고 가라(36절)."고 말했고,

그 여인은 감사의 표시로 엘리사의 발 앞에 엎드려 절하며 아들을 안고 갔다(37절). 그러므로 만족은 단지 준비된 행동으로만 여겨질 수 없다. 만족스러운 상황을 일관되게 유지하는 것이 얼마나 소중한 것인지를 잘 알기 때문에, 만족을 누리는 사람들은 만족감을 회복하기 위해 삶의 만족의 부족을 표현할 수 있고, 실제로 그것을 표현한다.

이 수넴 여인의 이야기는 "내 평생 가는 길"이라는 찬송가의 가사와 잘 어울린다. 이 찬송가는 부유한 사업가인 호레시오 스패포드(Horatio G. Spafford)가 작사했는데 1871년 시카고에서 발생한 큰 화재로 재정 상황이 불안해지고 또 대서양을 건너는 여행 중에 다른 선박과의 충돌사고로 네 딸 모두를 잃은 상황 가운데 쓴 것이다. 호레시오 스패포드라는 인생의 배가 네 딸의 비극적인 죽음이라는 지역을 지날 때, 말로 형용할 수 없는 아픔과 고통에도 성령께서는 평안한 만족과 희망을 주는 다음과 같은 말을 그에게 불어넣어 주셨다. "내 영혼 평안해."

회개는 기쁨의 영성 속에 청명함(clarity)을 가져다준다

청명함은 하나님께서 세상과 삶을 보는 방식으로 우리가 그것을 보는 것을 의미한다. 청명함은 하나님의 눈으로 물질적인 세상과 영적인 세상을 보는 것이다. 그것은 사람들을 있는 그대로 이해하는 능력이고, 자신이나 다른 사람의 이익의 영향권에서 벗어나 상황을 보는 능력이다. 또한 이 세상 너머를 보는 능력이며, 이 세상에 역사하시는 하나님의 손길을 보는 능력이다.

청명함은 하나님 앞에서 겸손하게 행하는 것과 다른 사람과 세상을 사랑하는 것에서부터 시작된다. 그러나 청명함은, 자기 자신됨을 가벼이 여기는 것은 아니다. 청명함은 우리로 하여금 나 자신뿐만 아니라 이 세상과 다른 사람 그리고 하나님을 사랑하도록 만든다. 그러나 청명함은 세상과 다른 사람 그리고 하나님을 사랑하기 위해 자신을 희생하는 가능성에 열려 있다. 삶의 다양한 측면이 각각의 다른 상황에 얽혀 있기 때문에 청명함은 예측할 수 없는 것일 뿐만 아니라 단순하게 볼 수 있는 것도 아니다. 그래서 우리는 언제나 청명함을 추구하지만 그것은 완성을 향한 도상에 있을 뿐이다. 청명함을 가능하게 하는 것이 바로 하나님의 사랑과 예수 그리스도의 은혜라면 삶의 청명함을 성취해 가는 복잡한 과정 속에서 우리를 지도하는 것은 바로 성령이다.

결과적으로, 청명함은 반드시 분명한 답을 찾아내는 것이라기보다는 "상황 속에 어떤 것들이 연루되어 있는지"를 볼 줄 아는 예리한 감각을 소유하는 것이다. 청명함은 종종 상반되는 두 측면, 즉 탄력성(resiliency)과 유연성(flexibility)의 변증법적인 긴장 속에 놓여 있다. 이것은 요한복음 2장에 서술된 가나의 혼인잔치에서 예수가 행하신 기적에 잘 나타나 있다. 우리가 모두 잘 알고 있듯이, 혼인잔치를 하는 중에 포도주가 떨어졌다. 예수의 어머니 마리아는 잔치를 돕고 싶은 마음에 예수께 이렇게 말했다. "저들에게 포도주가 없다(3절)." 아마도 우리 중의 누군가는 예수께서 어머니의 암묵적인 요청에 쉽게 응할 것이라 생각할 수 있다. 또한 어려움에 처한 사람을 돕는 일일 경우에는 특별히 더 그럴 것이라고 생각할지 모르겠다. 그러나 예수께서는 자신의 입장을 제기하는 대답을 하셨다. "여자여 나와 무슨 상관이 있나이까 내 때가 아직 이르지 아니하였나이다(4절)." 예수는 이렇게 기적을 행하는 능력과 자신의 영광과 메시아됨을 드러내는 올바른 때에 대한 자신의 입장을 밝히셨다.

　어머니의 요청에 대한 예수의 대답은 탄력성과 유연성을 모두 보여 준다. 예수께서 어머니를 "여자여"라고 불렀는데, 이는 그녀를 폄하하는 것이 아니라 그녀에 대한 존경을 충분하게 드러내는 것이다. 예수께서는 자신의 영광을 드러낼 때가 아직 되지 않았다는 것을 말할 때 탄력성을 드러내셨고, 질문으로 자신의 대답을 표현할 때는 유연성을 나타내셨다. 예수께서 하신 대답이 다른 사람의 필요에 무관심한 것처럼 들리지만, 그 대답은 급박한 필요에 무관심한 사람처럼 보이는 것을 감수하면서까지 무엇이 궁극적으로 일어나야 하는지에 대한 청명함을 드러내는 것이다. 탄력성을 유지하는 것은, 특별히 우리에게 이타적인 반응을 요구하는 상황에서 매우 어려운 문제일 수 있다. 도움이 필요한 다른 이들을 돕는 것, 특히 당신이 도움을 줄 수 있는 사람이고 더군다나 그것을 당신의 어머니가 요구하셨다면 그렇게 하는 것이 당연하다. 그러나 예수께서는 이 곤경을 벗어나게 하는 것보다 우선순위를 차지하는 또 다른 현실을 직시하고 계셨다.

예수께서 탄력성을 드러내시는 동안 질문에 대한 대답에서 드러나듯 유연성 또한 보이셨다. 당신 자신이 영광받으실 수 있는 더 좋은 타이밍을 알고 계셨음에도, 예수께서는 그 문제에 대한 어머니의 의견에 개방적인 모습을 나타내셨다. 예수의 응답성 질문은 어머니의 관점에 자신을 맞추는 융통성을 간접적으로 보여 준다. 예수께서 대답하신 후, 어머니는 하인들에게 "너희에게 무슨 말씀을 하시든지 그대로 하라(5절)."라고 말했다. 어머니인 마리아의 이런 반응은, 예수께서는 자신의 영광을 때에 맞지 않게 드러내는 것에 탄력성을 보이셨지만 그럼에도 급박한 현재 상황의 필요와 어머니의 요청에 개방적으로 응답하셨음을 잘 말해 준다. 예수께서 하인들에게 "항아리에 물을 채우라(7절)." 그리고 "떠서 연회장에게 갖다 주라(8절)."라고 말씀하시고 하인들이 그대로 했을 때, 예수께서는 물을 가장 좋은 포도주로 바꾸셨고, "이 첫 표적을 갈릴리 가나에서 행하여 그의 영광을(11절)" 나타내셨다. 그 표적으로 제자들은 예수를 믿게 되었다.

탄력성과 융통성을 반영하는 청명함은 다음과 같은 말로 요약할 수 있다.

1. 청명함은 과거에 대해 감사하게 한다. 그로 인해 우리는 과거에 대해 수치스러워하거나 오만한 모습을 보이지 않는다.

2. 현실에 대해 부족한 점을 충분히 인정함과 동시에 만족감도 느끼게 한다. 그래서 우리는 현실에 대해 불안해하지 않지만 또한 과도하게 자신감을 갖지도 않는다.

3. 청명함은 미래에 대해 열정을 갖게 한다. 그래서 우리는 미래를 두려워하지 않지만 확신하지도 않는다.

4. 청명함은 우리가 강력한 반대에 부딪힐지라도 그 반대에 저항하는 용기를 가져다준다.

5. 청명함은 우리에게 가해진 악행에 대해 보복하려는 유혹에 저항하는 용기를 가져다준다.

6. 청명함은 손쉬운 수단으로 모면하고자 하는 것을 거부하는 용기를 가져다준다.

7. 청명함은 기다릴 줄 아는 용기를 가져다준다.

8. 청명함은 우리의 연약함과 위대함 모두를 인정하는 용기를 가져다준다.

9. 청명함은 나와 다른 사람들을 인정하는 용기를 가져다준다.

10. 청명함은 하나님이 우리와 함께하신다는 사실 때문에 단아하고 기품 있는 모습으로 삶의 복잡성을 받아들이게 한다.

11. 청명함은, 우리는 홀로 설 수 없으며 하나님과 이 세상 그리고 다른 이들과 연결되어 있다는 깨달음을 가져다준다.

12. 청명함은 감사와 기쁨과 평안을 가져다주는데, 이는 청명함이 영혼 깊은 곳에서 다른 사람들과 하나님을 알게 하기 때문이다.

겸손은 기쁨의 영성의
기본 바탕(basic fabric)이다

기쁨의 영성은 자신이 스스로 기쁨의 삶을 창조해 낼 수 없다고
인정하는 겸손에 바탕을 둔다. 전통적으로는 기쁨의 삶을 만들
어 가야 할 책임이 우리 각자에게 있는 것으로 이해됐다. 우리
삶이 기쁘도록 하기 위해서는 우리가 열심히 노력하고 또 방법
을 찾아내야 한다고 생각했다. 그러나 그러한 노력과 전념 자체
가 제한된 우리 자신 안에서 확신과 든든함을 찾으려는 태도의
산물이라는 사실을 깨닫지 못한다. 우리가 확신감을 갖을 때,
비로소 삶에 헌신할 수 있다. 게다가 삶에서 기쁨을 가져다줄
방법을 찾아내려는 태도는 영속적인 기쁨을 가져다주기보다는
일시적이고 덧없는 기쁨만 가져다줄 뿐이다. 그리고 이 일시적
인 기쁨은 지속적인 기쁨을 누리는 데 별 도움이 되지 않는다.
가령 다른 이들을 위해 일함으로써 기쁨을 경험하려고 친구들
을 위해 깜짝 파티를 준비하거나 노숙자들에게 음식을 나눠 주
는 사람들의 예를 들어보자. 그 사람들은 일시적으로 기쁨을 경
험하게 될지 모르나, 다른 이의 도움으로 성향으로서의 기쁨을
발달시키지 못했다면 그 일시적 기쁨을 생산하려고 계속 어떤
활동을 해야 할지도 모른다.

그러므로 우리는 자신 스스로 삶의 기쁨을 만들어 낼 수 있다
고 믿으며 거짓된 생각을 계속 붙들고 있다. 이는 두세 살짜리
아이들과 같은 사람들이 모인 세상에 우리가 살고 있는 것과 같

다. 두 살 혹은 세 살짜리 아이들의 경우, 실제로는 스스로 할 수 없음에도 불구하고 스스로 할 수 있다고 주장하며 부모나 형제의 도움을 거절하곤 한다. 예를 들면, 어떤 아이가 병에 물을 부으려 한다고 하자. 엄마는 그 아이가 자신의 옷뿐만 아니라 책상과 마루 그리고 주변에 있는 것들을 젖게 하리라는 것을 잘 알기에 아이를 도와주려고 한다. 그러나 아이는 물과 물병을 움켜쥐고는 엄마가 접근하지 못하도록 막고 혼자 물을 붓는다. 그리고 책상과 마루와 옷을 물로 적신다. 엄마가 계속 도우려고 하지만 아이는 한사코 우기면서 말한다. "싫어, 나 혼자 할 수 있어."

얼마 되지 않아 아이는 물병을 쓰러뜨리고, 그다음에는 그것을 세우기 위해 손에 들고 있던 물이 든 용기마저 놔 버린다. 그러면 엄마는 상황을 수습하려고 부엌으로 가 마루를 훔칠 걸레와, 책상과 그 위에 놓여 있던 것들과 아이의 옷을 닦을 수건을 갖고 온다. 아이는 여전히 자기가 할 수 있다고 우기지만 기분이 별로 좋지는 않다. 결국 엄마의 도움으로 아이는 이 상황에서 어떻게 해야 하는지를 배우고 스스로 무엇을 할 수 있고 스스로 무엇을 할 수 없는지를 보다 더 잘 이해한다.

우리가 자신 스스로 할 수 없다는 겸손으로 시작한다면, 결국 우리 안에 있는 견고한 확신감을 안전하게 확보할 수 있고 삶의 기쁨을 누릴 수 있게 된다. 물론 아이가 같은 실수를 계속 반복하는 것처럼 우리도 실수를 반복적으로 하게 될 것이다. 그러나 기쁨을 창출하는 일은 스스로 할 수 없다는 겸손한 태도를 삶의 기본에 깔기만 한다면, 비록 우리가 겸손이라는 삶의 바탕을 잊는 실수를 반복한다 할지라도 기쁨발견자가 되는 과정을 계속 밟아 나아갈 수 있을 것이다. 우리는 스스로 할 수 없다는 것을 끊임없이 되새겨야 한다. 우리는 스스로 우리 자신을 기쁨의 사람으로 만들 수 없다. 그래서 우리는 매일 우리 자신에게 말해야 한다. "하나님, 저 스스로는 할 수 없습니다."

우리가 스스로 기쁨의 사람이 될 수 없다고 인정하는 겸손을 달리 표현하면, 기쁨의 삶을 살기 위해서는 우리가 하나님과 다른 사람들을 필요로 한다는 것이다. 오직 하나님과 다른 사람들의 도움을 통해서만 우리는 삶에서 기쁨을 누릴 수 있다. 우리는 다른 사람의 자비에 의존한다. 오직 하나님과 다른 사람들이 자발적으로 우리를 도와줄 때에만 기쁨의 사람이 될 수 있다. 오직 하나님과 다른 사람들의 이해와 사랑으로만 일상의 삶을 괴롭게 하는 의무에 묶인 상태와 무력한 상태를 넘어 전진할 수 있다. 다른 사람의 마음을 움직여서 우리가 의무에 묶인 상태와 무력한 상태를 벗어나도록 돕게 만들 수 있는 힘이 우리에게는 없다. 그래서 나의 삶을 보다 기쁜 삶으로 만드는 데 있어 내가 할 수 있는 역할이란 별로 없다. 심지어 우리는 그에 대해 보조적인 역할도 하지 못한다. 하나님께서 우리를 위한 사랑을 표현하기 위해 언제나 먼저 움직이셨듯이, 우리 삶의 변화는 오직 다른 사람이 우리를 기꺼이 도와주고 우리를 위해 자신을 내어 주는 경우에만 가능하다. 특히 기쁨을 포함한 우리 자신의 경험을 우리 자신의 것으로 소유하도록 돕는 기쁨발견자로서 하나님과 다른 사람들을 우리는 필요로 한다.

겸손은 기쁨의 영성 속에
지속성(consistency)을 부여한다

겸손으로 말미암은 지속성은 큰 발걸음 몇 걸음이 아니라 지속적으로 내딛는 작은 발걸음이 삶의 변화를 가져온다는 삶에 대한 태도를 반영한다. 지속성은 작은 발걸음이 원하는 결과를 가져온다는 믿음과 겸손을 필요로 한다. 작은 발걸음의 효과는 결정적인 시간이 될 때까지는 나타나지 않는데, 그 결정적인 시간이란 수없이 지속된 작은 발걸음이 절정에 이르러 사람의 눈으로 느껴질 수 있는 형태를 만들어 낼 때이다. 작은 발걸음은 효과를 발휘하여 진정으로 변화를 일으키고 있지만 사람의 눈에는 결정적인 시간이 될 때까지 그것이 잘 보이지 않는다. 달리 말하면, 인간 시야의 한계 때문에 우리가 내딛는 작은 발걸음이 일으키고 있는 변화를 보지 못하는 것이다. 예를 들어보자. 우리가 아기에 대한 엄마의 사랑을 염두에 두지 않으면, 아기를 위한 엄마의 행동은 젖을 먹이고 기저귀를 갈아 주며 목욕을 시키는 일 등은 일상적이고 따분하게 반복되는 행위로밖에 보이지 않는다.

엄마의 역할은 기본적으로 조립 라인에서 별다른 도전을 주지 않는 따분한 일을 반복적으로 하는 사람과 비슷해 보인다.

엄마의 삶에서 아기로 인한 기쁨과 사랑을 제거한다면, 엄마의 일은 지루하고 손이 많이 가는 것이 된다. 그러나 분명한 것은, 하찮게 보이는 이런 과제들을 엄마가 잘 수행했느냐 그렇지 못했느냐에 따라 다른 사람들과의 조화와 협력 가운데 사는 아기의 능력에 엄청난 차이를 가져온다는 것이다. 지속적인 엄마의 과제 수행은 모소 대나무(moso bamboo tree)에 비유할 수 있다. 모소 대나무는 주로 중국에서 자라는데 특별한 성장 패턴이 있다. 모소 대나무는 5년 동안 성장의 징후를 별로 보이지 않는다는 점이다. 만약 이런 성장 패턴을 잘 모르는 사람이라면 아마 그 대나무에 무슨 이상이 있는 것인지 혹은 자신이 뭔가를 잘못한 것인지 의아해할 것이다. 심지어 아주 바람직한 조건에서도 모소 대나무의 성장은 눈에 잘 띄지 않는다.

그러나 놀라운 것은 어느 순간부터 모소 대나무가 상상할 수 없는 속도로 자라기 시작한다는 것인데, 그때부터 하루에 키가 70센티미터 이상 자란다. 그래서 3일이 지나면 적어도 보통 사람의 키를 훨씬 능가한 210센티미터가 된다. 이런 식으로 6주가량 자라는데, 이렇게 되면 이 대나무는 적어도 그 높이가 30미터 정도 된다. 이것을 비정상적인 현상이라고 말하는 사람도 있을지 모르겠다. 그러나 사실 이런 성장은 5년 동안 모소 대나무 뿌리가 수 킬로미터씩 사방으로 퍼져 나간 것에서 그 원인을 찾을 수 있다. 5년 후가 되면 사방으로 넓게 퍼진 뿌리는 놀라운 성장이 가능할 정도로 엄청난 양의 물과 필요한 양분을 토양에서 빨아들인다. 뿌리는 땅 밑에 있기 때문에 우리 눈에는 그것이 자라는 것이 보이지 않지만 그동안 그 뿌리들이 땅 밑에서 광대한 지역으로 뻗쳐 나간다. 이처럼 변화를 위한 우리의 시도가 가져오는 효과는 한동안 우리 인간의 눈에는 잘 들어오지 않는다. 그리고 그동안 모소 대나무의 뿌리가 성장한 것은 날마다 공급되는 충분한 양의 영양분과 물 그리고 지속적인 햇빛이 있었기 때문이다. 하루에 공급되는 양은 5년 전체를 합한 양에 비하면 아주 미미하다.

일상의 지루한 작은 발걸음이 변화를 가져온다. 비록 그 변화가 우리 인간의 눈에는 잘 드러나지 않을지라도 말이다. 우리가 삶에 대한 태도에 지속성을 보일 경우 이런 별 볼일 없고 지루하게 보이는 과제라도 우리가 '육신의 눈'이 아니라 '믿음의 눈'으로 그 변화를 볼 때 기쁨을 주는 활동이 된다. 이런 이유로 지속성을 유지할 수 있는 우리의 능력은 육신의 눈뿐만 아니라 믿음의 눈을 갖는 것을 필요로 한다. 믿음의 눈은 따분함을 극복할 수 있게 도와주고 작은 발걸음을 계속 옮길 수 있게 동기를 부여해 준다. 지속성이란, 믿음의 눈이 육신의 눈을 이김으로써 찾아오는 톡톡 쏘는 작은 기쁨과 관련이 있다. 지속성이란 결과적으로 헤아릴 수 없이 큰 공허함과 높은 산과 같은 따분함을 견디는 것이다.

지속성을 통해 오는 변화의 측면을 살펴보면, 보다 나은 방향으로 변화하고자 하는 우리의 소망이 왜 그렇게 쉽게 이루어지지 않는지 금방 알 수 있다. 이런 상황은 오늘날 우리 사회에서 많은 사람이 다이어트에 집착하지만 계속적으로 실패하는 역설적인 현상 속에서 잘 드러난다. 체중을 조절하려고 집착할수록 우리는 체중을 줄이는 데 더 많이 실패한다. 체중을 줄이는 데 집착할수록 더 많이 실패하고 이로 인해 체중을 조절하는 데 도움을 준다는 다이어트 프로그램만 계속 생겨난다. 변화를 위한 방법으로서 나는 다이어트 프로그램이 매일의 작은 실천보다 더 중요하다고 생각하지 않는다. 그보다는 작은 실천들을 반복하면 꿈쩍도 안 할 것 같은 산도 움직일 수 있다.

바람직한 변화는 하나의 큰 계기로 일어난다기보다 지루하고 미미하지만 지속적인 반복의 과정을 통해 이루어진다. 이와 유사하게 성향으로서의 기쁨 발달은 한 사람의 의지력이나 다른 이가 제공한 영감에 의해 보장되지 않고, 삶의 기쁨을 꾸준히 함께 나눠 줄 어떤 이의 자발적인 헌신에 의해 촉진된다. 그 헌신은 한 사람에게 다른 길을 걷게 하여 기쁨의 길로 안내하는 역할을 한다.

겸손은 기쁨의 영성 속에
감사(gratitude)를 가져다준다

겸손에서 비롯된 감사는 삶 속에 주어진 하나님의 선물에 대해 감사의 마음을 넘치게 갖는 것을 일컫는다. 감사는 삶 속에 역사하는 하나님의 손길을 볼 줄 아는 능력이다. 감사는, 그렇지 않다고 여길 만한 여러 것들이 있음에도 하나님의 은혜를 삶을 감싸고 다스리는 힘으로 여길 줄 아는 능력이다. 감사는 삶에서 일어나는 일들을 자연스럽게 받아들일 줄 아는 능력이다. 감사는 우리의 호흡과 맥박이 하나님께서 우리에게 주신 선물임을 아는 것에서부터 시작된다. 감사는 어린아이처럼 삶의 매 순간을 하나님이 베푸신 기적으로 여기는 것에서부터 비롯된다. 감사는 우리의 삶이 '무'(nothing)로 시작했다는 깊은 겸손에서 우러나온다. 감사는 우리의 무익함을 하나님의 선으로 바꾸셨다는 사실을 아는 것이다.

감사는 하나님께서 무익한 우리를 값진 존재로 만드셨기 때문에 우리가 값진 존재가 되었다는 것을 깨닫게 한다. 감사는 세상이 하나님의 은혜로 절반이 채워져 있는 컵임을 느끼게 하고, 컵의 나머지 반을 채우기 위해 하나님과 지속해서 협력하게 한다. 감사는 우리로 하여금 하나님께서 우리와 세상을 위해 의도하셨던바 이 세상을 완전하고 충만한 기쁨으로 채우기 위해 하나님을 도와 최선을 다하게 한다.

삶에서 겪는 일들을 당연한 것으로 받아들이지 않는 데서 오는 감사의 자세는 안네 프랑크(Anne Frank)의 삶에 잘 묘사되어 있다. 나치의 포로수용소에서 죽는 날까지 일기를 썼던 안네 프랑크는 지속적인 감사의 마음을 지닌 사람의 표본이다. 추위, 질병 등으로 비참함과 죽음의 공포로 채워진 삶을 산 안네 프랑크는 고통에 대해 불평하기보다는 하나님께서 자신의 삶에 허락하신 선하고 아름다운 것들을 생각하면서 하나님께 감사의 찬양을 드렸다. 하나님께서 자신의 삶에 허락하신 것을 감사하는 중에 그녀가 표현한 기쁨은 *Anne Frank: The Diary of a Young Girl*(안네 프랑크: 어느 젊은 여성의 일기)라는 책에 1944년 3월 7일 일기로 기록되어 있다. 그녀는 말한다. "내가 잠자리에 누워, '하나님, 감사합니다. 선하고 사랑스럽고 아름다운 모든 것으로 인해'라는 말로 기도를 마쳤을 때, 나는 기쁨으로 충만했다. 나는 숨어 사는 삶의 유익과 나에게 주신 건강 그리고 사랑스러운 피터를 온 맘으로 생각하고, 비참함보다는 세상에 존재하는 아름다운 것들을 바라보며, 우리 안에 여전히 남아 있는 아름다움을 찾게 된다. 자연, 햇빛, 자유 이 모든 것이 우리를 도와준다. 이런 것들을 보라. 그러면 당신은 당신 자신을 찾을 수 있고, 하나님을 발견할 수 있으며, 삶의 균형을 회복할 수 있다."

일본의 작가이자 1994년 노벨 문학상을 받은 오에 겐자브로(Kenzaburo Oe)도 감사의 깊은 의미에 관해 말한다. 오에는 자칭 비기독교인이지만 가족의 삶 가운데 생생하게 그리고 심오하게 존재하는 은혜를 언급한다. 그가 노벨상을 받은 1년 후에, 오에는 그의 아내인 오에 유게리(Yukari Oe)가 삽화를 넣고 후기를 쓴 *A Healing Family*(치유하는 가족)라는 책을 출판하는데, 이 책은 뇌 손상을 입은 히까리(HIkari)라는 첫째 아들과 나머지 가족들 간의 사투 그리고 그 아들의 승리를 기록한 자서전적인 책이다. 히까리는 1963년에 출생한 이후 뇌수술을 받아야만 했다. 그는 다른 아이들에 비해 발달이 매우 느렸고, 말하는 능력은 기대에 크게 못 미쳤다. 오에 겐자브로와 그의 아내는 히까리를 위해 고전음악을 지속적으로 들려주었다. 어느 날 겐자브로 오에는 히까리가 특별히 새 울음소리에 반응한다는 것을 알게 되었다. 그는 즉시 밖으로 나가 100가지 새 울음소리를 녹음해 와서 히까리를 위해 그것을 들려주고 또 들려주었다. 히까리가 5살 때에 별장 근처에서 우는 새소리를 듣고는 이렇게 말했다. "저것은 뜸부기 소리야." 이것은 히까리가 말한 최초의 말다운 말이었기 때문에 겐자브로와 유게리에게 한없는 기쁨을 주었다. 그리고 히까리가 심취했던 새소리는 차츰 음악에 대한 관심으로 바뀌었다.

히까리의 가족, 즉 그의 부모와 동생들은 히까리의 장애 때문에 사투를 벌여야 했다. 그래서 가족들의 삶 가운데 즐거운 시간도 있었지만 지치고 힘든 시간이 훨씬 더 많았다. 예를 들어, 히까리가 직업학교에 갈 때면 가족들 중 누군가는 꼭 동행해야 했는데, 그것을 실천하기 위해 가족들 모두가 애를 써야 했다. 이 과정에서 가족 개인이 치러야 할 희생은 어쩌다 있는 것이 아닌 그야말로 삶 그 자체였다. 더욱이 가족들은 예기치 않게 발생하는 일에 대처하기 위해 늘 신경을 곤두세워야 했다. 히까리가 발작적으로 간질을 일으키거나 차도를 건너다가 오가지도 못하고 보도 중간에 갇혀 버리는 일 등이 바로 그런 것이었다. 겐자브로는 히까리에 대해 이런 일도 정직하게 기록하고 있다. 한번은 히까리에게 너무 화가 치밀어 올라 그를 쇼핑몰 안에 홀로 놔두고 쇼핑을 하러 다녔다고 한다. 그러고 나서 히까리를 데리러 갔는데 그가 보이지 않자 필사적으로 히까리를 찾아다녔고 다행히 그를 찾을 수 있었다고 한다. 이 일로 그 자신도 결국 뉴스에 등장하는 자기 자식을 버린 사람들과 별로 다를 바 없다는 것을 깨달았다고 한다. 즐거운 일도 있었지만 그 일들조차도 종종 즐거움을 반감시키는 아픔의 그림자를 함께 갖고 있을 수밖에 없었다. 예를 들면, 한번은 히까리가 친할머니에게 작별인사를 한 적이 있었다. "힘내세요, 할머니. 그리고 잘 죽으세요." 이 말이 할머니에게 미칠 파장 때문에 여동생은 심기가 좋지 않았지만 오히려 이 말이 할머니의 증세가 호전되는 계기가 되기도 했다.

자폐증에도 불구하고 점점 자라감에 따라 히까리는 음악을 하기 시작했다. 그리고 많은 곡을 작곡하여 CD 두 장을 발매할 수 있었다. 그의 음악은 심지어 일본에서 유명한 음악가들에 의해 연주되기도 했다. 가족사진에 담긴 히까리의 생기 없는 얼굴에 슬퍼하던 겐자브로는 히까리의 음악을 통해 삶에 대한 감사를 표했고, 히까리의 CD에 담긴 후기와 그의 책에서 다음과 같이 말했다. "[히까리의 음악을 들으면서] 나는 경외감 속에서 히까리의 풍부한 내적인 삶을 느낍니다. 그러나 이 음악이 아니었다면, 히까리의 풍성한 내적 삶은 감추어진 채 나와 아내 그리고 히까리의 동생들에게 결코 드러나지 않았을 것입니다. 나는 믿음을 지닌 사람은 아닙니다. 그러나 이 음악 속에는 뭔가가 있다는, 어쩌면 '은혜'와 비슷한 그 뭔가가 있다는 것을 부인할 수 없습니다. 참으로 히까리의 음악을 통해 일상의 경험 너머에 있는 세계를 접하면서 그것을 느낍니다. 그것은 그 세계에 속해 있는 것 같았고 나로 하여금 다음과 같은 말의 의미를 충분히 깨

닿게 하는 것 같았습니다. '기품'(gracefulness)과 '선행'(virtue) 뿐만 아니라 '감사의 기도'(a prayer of thanks)를 말입니다."

기쁨의 영성은 다른 사람을 위한
기쁨발견자가 되도록 우리를 부른다

예수는 제자들을 부르셔서 능력을 지닌 자로 준비시키시고, 그
들에게 인생의 목적을 주셨다. 제자들은 아픈 자들을 치료하고,
악마와 악령을 물리치며, 죽은 자를 살리고, 하나님 나라의 복음
을 전파하기 위해 능력을 부여받았다. 예수는 그들을 보내 도움
이 필요한 사람들을 돌보게 하셨다. 제자들은 기쁨발견자가 필
요한 사람들에게 보내졌다. 제자들이 도움이 필요한 사람들을
돌보기 위해 부름받았듯이 하나님은 우리를 다른 사람을 위한
기쁨발견자로 부르신다. 예수께서 기쁨발견자로 이미 준비시
킨 사람들은 본성상 하나님이 주신 그들의 능력을 두려움과 의
무에 속박된 기쁨거절자들을 위해 쓰도록 부름받았다. 기쁨발
견자들은 그들 자신의 능력으로 인한 자기만족에 그치지 않고,
또 하나님께서 그들에게 능력을 주신 것에 대한 감사에 그치지
않는다. 하나님께 대한 감사는 그 똑같은 감사를 경험하게 하기
위해 다른 사람을 돕는 결정적인 행동을 하게 한다. 그들에게
주어지는 보상은 기쁨을 나눔으로써 기쁨거절자들이 마침내 기
쁨에 이르는 것이다.

예수에 의해 용납되고 치유받고 죄를 용서받고 생명을 얻은 사람들은 분명 기쁨을 경험한다. 그들은 소리 높여 올려드리는 찬양을 통해 그것을 표현하고 감사로 하나님의 영광을 드러낸다. 더욱이 이들 중 어떤 이들에게는 예수로부터 받은 기쁨에 대한 응답으로 삶에 특별한 변화가 일어난다. 예를 들어, 사람들의 미움을 받았던 삭개오는 예수께서 영혼의 죽음에서 그를 궁극적으로 건져 주시고 그를 영접해 주시는 것을 경험하는데, 그것은 그가 고대해 왔던 일이었다. 삭개오는 그로 말미암는 기쁨으로 자신의 삶의 모습을 바꾸게 된다. 그는 가난한 사람들에게 소유의 절반을 나누어 주고 그가 부당하게 착취한 것이 있으면 네 배로 갚겠다고 선언한다. 그리고 잘못을 저질렀던 사람들에게 그 잘못에 대해 보상하고 부당하게 빼앗은 것이 있으면 네 배로 갚겠노라고 예수께 약속한다. 더욱 중요한 것은, 그가 가난한 자들에게 소유의 절반을 나누어 주겠다고 약속했다는 것이다. 이처럼 예수는 삭개오를 기쁨거절자에서 기쁨발견자로 변화시키셨다. 그리고 삭개오는 기쁨발견자가 되어 그가 죄를 저질렀던 사람들과 생활의 기본적인 필요를 얻기 위해 고생하는 사람들에게 기쁨을 가져다주었다. 그는 사실 시편 기자의 다음과 같은 환호성을 사람들이 말하도록 도와주었다. "내가 주를 찬양할 때에 나의 입술이 기뻐 외치며 주께서 속량하신 내 영혼이 즐거워하리이다"(시 71:23).

주변을 살펴보면, 기쁨발견자들이 시급히 필요한 것을 본다. 현재의 사회적 상황은 우리가 기쁨을 느끼기보다는 무력과 슬

품의 영향을 더 쉽게 받는다는 것을 잘 보여 준다. 예를 들어, 자연은 그동안 우리에게 많은 기쁨을 주었지만 점점 황폐해져 우리의 삶을 위협하고 있다. 가까이에 있건 혹은 먼 유명한 장소에 있건 그랜드 캐년(Grand Canyon), 알프스 산맥 혹은 노바 스코티아 해안(the coast line of Nova Scotia)과 같이 아름다운 광경을 볼 때 큰 기쁨을 누리지만, 환경에 대한 우리의 무책임한 행동이 지구온난화를 초래해 환경운동가들이 미래 세대에 엄청난 홍수와 재앙의 날이 닥치게 될 것이라 경고하는 지경에 이르렀다. 더욱이 지구온난화로 인해 기상이변이 일어나 현재 세계적으로 태풍과 폭우 혹은 폭설의 빈도와 강도가 증가하고 있다고 주장한다.

예를 들어, 미국 걸프 해안(Gulf coast)을 강타했던 태풍 카트리나(Hurricane Katrina)는 시속 210킬로미터의 풍속과 시간당 6미터 이상의 폭우를 동반했다. 이 태풍은 걸프 해안에 걸쳐 있는 여러 주를 강타했고 이로 인해 뉴올리언스(New Orleans)는 면적의 80퍼센트가 물에 잠겼다. 로이터 통신에 따르면(2008년 8월 15일), 이 태풍으로 인해 1,800명이 사망했고, 216만 명이 집을 잃었으며, 피해액은 75억 달러에 이른다. 마찬가지로, 2004년 12월 26일에 인도양에서 발생한 진도 9의 지진은 해일을 일으켰는데 이 해일은 인도네시아, 말레이시아, 스리랑카, 인도 그리고 태국 지방을 휩쓸어 버렸다. ESRI White 신문(2006년 5월)에 따르면, 사망자 수가 18만 6,983명에 이르고 실종자 수도 4만 3,000명이 된다. 170만 명이 집을 잃었고 전체 피해액만 해도

10억 달러 이상이 된다.

엄청난 자연재해뿐만 아니라 9 · 11 사태나 전 세계에 걸친 전쟁과 같은, 인간이 촉발한 재앙으로 세상은 더욱 암울한 모습을 보인다. 2004년 8월의 CNN 보도에 따르면, 9 · 11로 인해 부상자 외에도 3,000명 가까운 숫자가 사망했다. 국회의 요구로 2002년 5월 29일 자로 제출한 "세계무역센터에 대한 테러리스트들의 공격의 충격"에 대한 GAO 보고에 따르면, 그로 인한 경제적 손실이 83억 달러에 이른다. 국방부에 따르면, 2010년 7월 27일 군인들이 장기간에 걸쳐 가족과 떨어져야 했고, 외상 후 스트레스 장애를 겪어야 했던 것은 물론이거니와 이라크 전쟁으로 인해 미군 4,404명이 사망했고 3만 1,897명이 부상을 당했다. 이 전쟁으로 인해 많은 이라크 사람들이 집을 잃었고 이라크 지역이 광범위하게 파괴되었다. 존스홉킨스대학(Jones Hopkins University)의 공공건강 연구원들과 미국 내 매사추세츠기술연구소(Massachusetts Institute of Technology) 그리고 이라크의 알 무스탄시리아대학(Al Mustansiriya University)에 의해 행해진 사망연구(Mortality Study)에 따르면, 2006년 7월까지 전쟁 전 사망률을 넘어서는 사망자를 뜻하는 초과사망자의 수가 65만 4,965명에 이른다.

기쁨발견자의 필요성은 세계의 가난 수준에도 반영된다. 세계의 가난을 끝내려는 열정과 행동으로 세계적으로 유명한 경제학자인 제프리 삭스(Jeffrey D. Sachs)는 그의 책, *The End of Poverty*(가난의 끝)에서 세계 인구의 40퍼센트 정도가 가난 속에서 살고 있다고 한다. 세계 인구는 6억 정도인데, 이들 중 1억 명 정도가 극심한 가난 가운데 있고 1억 5천만 명 정도가 가난 가운데 살고 있다. 극심한 가난 가운데 있는 이들은 먹을 것을 거의 구하지 못하며 건강하게 살 수 있는 수단도 거의 없다. 이들의 삶은 배고픔과 질병으로 채워져 있어서, 이들은 종종 죽음이 일상이 되고 심지어 죽는 것이 사는 것보다 낫다고 여긴다. 가난한 자들은 사방에 죽음이 널려 있는 그런 삶은 아니지만 재정적인 어려움을 끊임없이 겪는 삶을 산다. 지독한 절망은 극심한 가난 혹은 가난 가운데 사는 아이들의 뼈만 앙상한 모습에서 두드러지게 나타난다.

좀 더 가까운 곳을 보면 우울증, 중독, 폭력 그리고 자살과 같은 문제를 다루는데도 기쁨발견자들을 필요로 한다. 우울증을 앓는 사람들이 숫자상으로도 증가하고 있을 뿐만 아니라 최근에는 그 증상을 앓고 있는 사람들의 연령대도 확대되고 있다. 2010년 국립정신보건원(National Institute of Mental Health)의 보고에 따르면(2010년 7월), 18세 이상의 성인 중에 2100만 명이 우울증으로 고생하고 있는데, 이는 미국 인구의 9.5퍼센트에 해당한다. 그리고 4000만 명의 성인이 삶에서 장기적인 불안을 경험하고 있는데, 이는 전체 인구의 18퍼센트에 해당한다. 우울증을 성인의 문제로 여기고 있지만 그 증상은 십대, 때로는 심지어 어린아이에게서도 발생한다. 약물남용 및 정신보건청(SAMHSA)의 "2004 약물 사용에 대한 전국적 조사와 건강 보고"(the National Survey on Drug Use and Health Report)에 따르면 12세와 17세 사이에 있는 청소년 중 9퍼센트 정도가 2주 이상 동안 우울증을 겪었다고 한다.

게다가 자살도 예외는 아니다. 국립정신보건원의 보고에 따르면(2010년 7월), 미국에서 10만 명당 11명 정도가 자살한다. 자살은 특정한 연령대에 한정되는 것이 아니라 10세에서 14세 사이의 어린이들과 65세 이상의 노인에 이르기까지 광범위한 연령대에 걸쳐 행해지고 있다. 더욱이 알코올 중독이나 약물 남용을 통해 안정감을 얻으려는 사람들을 주변에서 흔히 볼 수 있다. 육체적, 정신적 또는 성적인 학대는 더 이상 다른 사람의 이야기가 아니라 우리와 주변에서 일어나고 있는 일이다. 미디어의 점점 늘어나는 리얼리티 쇼(reality shows)는 에너지와 생명력을 주는 기쁨을 누리지 못하고 단지 저속하고 강한 자극제에 의한 자극만을 추구하는 우리의 성향을 잘 보여 준다. 애석하게도, 콜럼바인고등학교의 총기 사건과 버지니아 공대에서 있었던 총기난사 사건이 보여 주듯이 10대 청소년과 젊은이들의 폭력은 더 이상 우리에게 낯선 일이 아니다.

이런 일들은 우리 삶의 비극적인 추세를 말해 주며 또한 다른 사람을 위해 기쁨발견자가 되라는 부름에 우리가 순복해야 하는 절박성을 대변한다. 하나님 안에서 기쁨을 회복하는 것에서부터 이 일을 시작해야 한다. "기뻐하며 경배하세"라는 찬송가에는 이 기쁨이 잘 표현되어 있다. 이 아름다운 찬송이 능동적이고 활력적으로 삶의 한 부분을 차지해야 하고 오직 성탄절이나 부활절에만 그럴 것이 아니라 매일 그럴 필요가 있다. 하나님으로부터 오는 기쁨은 실재하고 그 깊이와 넓이에 있어 강력한 힘을 발휘한다. 그 기쁨은 하나님을 향한 일상의 고백이자 하나님을 떠나 방황하지 않도록 도와주는 방패다. 그리고 그것은 우리를 하나님과 이어 주는 끈이자 우리의 영적 번영을 위해 필요한 영적 호흡이다.

게다가 우리는 이 기쁨을 다른 사람들에게 전할 필요가 있다. 그러기 위해 다른 사람들을 하나님이 우리에게 주신 기쁨으로 여겨야 한다. 삶 속에서 우리는 종종 다른 사람들을 두 종류의 범주로 나눈다. 나에게 편한 사람과 불편한 사람으로 말이다. 편한 부류에 속한 사람들은 우리 자신의 목적을 위해 우리가 필요로 하는 사람들이다. 그들은 재정 자원을 소유한 사람들이다. 그들은 연줄이 있는 사람들이다. 그들은 뭔가를 가능하게 하는 활동가요, 움직이는 사람이다. 반대로 불편한 부류에 속한 사람들은 우리가 목적을 달성하기 위해 다소 피해야 할 사람들이다. 그들은 우리의 마음을 심란하게 하는 사람들이다. 우리가 지니고 있는 자원을 고갈시키는 사람들이다. 그들은 우리의 돌봄과 관심이 필요한 사람들이다. 그들을 위한 기쁨발견자로서 우리를 필요로 하는 사람들이다. 이런 이유로 다른 사람들을 우리에게 편한 사람들과 불편한 사람들로 나누는 대신 그들이 각각 우리에게 기쁨을 가져다주고 세상에 그분의 기쁨을 전하는 메신저로 끊임없이 우리를 부르시는 예수 그리스도인 것처럼 바라볼 필요가 있다.

이것은 나에게 오래된 이야기를 생각나게 한다. 옛날에 어떤 수도원이 있었는데, 그곳에서 수도자들은 기쁨으로 열심히 일했고 기쁨으로 끊임없이 기도했다. 이 사실이 사람들에게 알려지자 사람들은 기쁨으로 가득 찬 기도와 노동의 삶을 배우고자 수도원으로 몰려들었다. 그러나 세월이 흐르면서 점점 기쁨에 찬 기도와 노동의 삶은 사라지고 조화로운 삶보다는 다툼이 수도자들의 삶을 지배했다. 기도는 하나님과의 즐거운 대화라기보다는 하나의 의식이요, 하나님을 향한 요구 수단으로 변해 버렸다. 결국 사람들은 수도원을 향해 발길을 끊었고, 그 수도원에는 기쁨을 잃고 언쟁을 일삼는 늙은 수도사들 12명만 남게 되었다. 어느 날, 유대 랍비가 수도원 벽 근처에 기도막사를 지으러 왔다. 수도원장은 유대교가 하나님의 신실함을 어떻게 증언하는지 궁금하기도 하고 또 수도원을 기쁨이 가득한 공동체로 되돌려 놓는 데 필요한 어떤 노력이라도 해야 한다는 절박함에 그 랍비를 찾아갔다.

랍비와 수도원장인 두 노인은 침묵 가운데 한동안 서로를 바라보았다. 그러고는 서로 달려들어 부둥켜안고 기쁨의 눈물을 흘리며 막사로 들어갔다. 그들은 책상에 앉아 구약성경을 함께 읽고 기도하며 기쁨의 눈물을 흘렸다. 랍비는 수도원장에게 다음과 같이 말했다. "당신은 메시지를 듣기 위해 이곳에 왔습니다. 제가 이제 그것을 당신에게 전해 줄 것인데, 당신은 가서 그것을 한 번만 말한 후에 절대로 다시 말해서는 안 됩니다. 그것은 바로 '우리 가운데 메시아가 행하고 계신다!'입니다." 수도원장은 수도원으로 돌아와서 수도사들에게 그 랍비의 메시지를 전했다. "우리 가운데 메시아가 행하고 계신다!" 그는 그것을 딱 한 번만 말하고 두 번 다시 반복하지 않았다. 수도사들은 그 메시지를 잘못 해석하고는 그들 중에 누가 메시아인지 궁금해하기 시작했다. 그들은 "메시아가 수도원장인가, 아니면 마가 형제인가, 아니면 요한, 아니면 바울 아니면… 그도 아니면 나?"라고 말했다. 시간이 지나자 수도사들은 서로를 더욱 존중하기 시작했다. 그들은 서로 사랑하며 열심히 도왔다. 언쟁은 격려와 동정으로 바뀌었고, 공허한 기도는 감사와 찬양의 심금을 울리는 기도로 변했다. 그리고 수도원은 다시 기쁨의 장소가 되었다. 이렇게 기쁨이 생기자 수도사와 방문객의 숫자도 늘어나기 시작했다.

우리가 다른 사람을 우리의 구주인 예수 그리스도인 것처럼 대함으로써, 우리는 사람들의 기쁨을 소생시키고 그들의 삶에 생명을 되찾아 줄 수 있다. 그래서 기쁨발견자로서의 우리 역할은 에스겔 37장 1-10절에 등장하는 마른 뼈에 생명을 불어넣는 일과 같다.

여호와께서 권능으로 내게 임재하시고 그의 영으로 나를 데리고 가서 골짜기 가운데 두셨는데 거기 뼈가 가득하더라 나를 그 뼈 사방으로 지나가게 하시기로 본즉 그 골짜기 지면에 뼈가 심히 많고 아주 말랐더라 그가 내게 이르시되 인자야 이 뼈들이 능히 살 수 있겠느냐 하시기로 내가 대답하되 주 여호와여 주께서 아시나이다 또 내게 이르시되 너는 이 모든 뼈에게 대언하여 이

르기를 너희 마른 뼈들아 여호와의 말씀을 들을지어다 주 여호
와께서 이 뼈들에게 이같이 말씀하시기를 내가 생기를 너희에게
들어가게 하리니 너희가 살아나리라 너희 위에 힘줄을 두고 살
을 입히고 가죽으로 덮고 너희 속에 생기를 넣으리니 너희가 살
아나리라 또 내가 여호와인 줄 너희가 알리라 하셨다 하라 이에
내가 명령을 따라 대언하니 대언할 때에 소리가 나고 움직이며
이 뼈, 저 뼈가 들어 맞아 뼈들이 서로 연결되더라 내가 또 보니
그 뼈에 힘줄이 생기고 살이 오르며 그 위에 가죽이 덮이나 그
속에 생기는 없더라 또 내게 이르시되 인자야 너는 생기를 향하
여 대언하라 생기에게 대언하여 이르기를 주 여호와께서 이같이
말씀하시기를 생기야 사방에서부터 와서 이 죽음을 당한 자에게
불어서 살아나게 하라 하셨다 하라 이에 내가 그 명령대로 대언
하였더니 생기가 그들에게 들어가매 그들이 곧 살아나서 일어나
서는데 극히 큰 군대더라. 겔 37:1-10

마른 뼈들이 서로 달라붙고 그 위에 힘줄과 근육과 피부가 덮
여 몸의 모양을 이룬 것처럼, 기쁨발견자들의 역할은 흩어져서
쓸데없게 된 사람들의 건강치 못한 자부심과 낮은 자존감을 모
은 후 그것들이 이해와 인정(affirmation)과 이상화(idealization)로
덮어지게 하는 것이다. 에스겔이 마른 뼈를 감싼 몸에 최종적으
로 생기를 불어넣었듯이, 기쁨발견자들은 다른 사람들의 삶에
기쁨을 불어넣는다. 이것이 바로 하나님의 동역자로서 우리가
예수 그리스도로 말미암아 하나님의 은혜로부터 솟아나는 그리

고 성령의 사역에 의해 표출되는 기쁨을 전파하며 다른 사람들 속에 기쁨과 생명을 창조하는 방법이다. 이제 하나님의 백성을 위한 기쁨발견자가 되라고 우리를 부르시는 하나님의 부르심에 다음과 같이 말함으로 응답해야 할 시간이 된 것 같다. "주님 제가 여기 있습니다. 저를 보내소서."

하나님으로부터 오는 그 풍성한 기쁨을 꽉 쥐고 붙잡기를 바란다. 하나님이 주신 기쁨이 그것을 갈구하며 기다리는 모든 이들에게 퍼져 그들과 함께 나누어지기를 소망한다. 하늘의 천군천사들이 예수의 탄생을 목자들에게 알릴 때 그랬던 것처럼, 그리고 많은 예수의 제자들이 올리브산 길에서 메시아를 외칠 때 그랬던 것처럼 큰 소리로 기쁨에 차서 하나님을 찬양하는 거대한 아카펠라의 전통이 이어지기를 바란다. 우리는 모든 사람을 위한 큰 기쁨의 좋은 소식을 전하노라.